ADHD로 멋지게 살기

아동을 위한 워크북

저작권 © 2018 켈리 밀러

1976년에 개정된 미국 저작권법 107조 또는 108조에 의거하여 허용된 경우를 제외하고는 본 출판물의 어떤 부분도 전자, 기계, 복사, 기록, 스캔 등 그 밖의 다른 방법으로 복제하거나 검색 시스템에 저장할 수 없습니다. 출판사에 대한 허가 요청은 Permission Department, Althea Press, 6005 Shellmound Street, Suit 175, Emeryville CA 94608으로 문의하여 주시기 바랍니다. 책임 및 보증에 대한 면책사항: 출판사와 저자는 본 출판물의 정확성 또는 완전성과 관련하여 어떠한 진술이나 보증을 하지 않으며, 특정 목적에 대한 적합성 보증을 포함한 모든 보증을 부인합니다. 본 출판물의 유통·판매 과정에서 보증이 새로이 생기거나 연장될 수 없습니다. 여기에 포함된 내용이 모든 상황에 적합한 것은 아닙니다. 이 책은 출판사가 의학적, 법률적, 또는 기타 전문적 조언이나 서비스를 제공하지 않는다는 이해와 함께 판매됩니다. 전문인인 지원이 필요한 경우 유능한 전문직 종사자의 도움을 받으시기를 바랍니다. 출판사와 저자는 여기에서 발생하는 손해에 대해 책임을 지지 않습니다. 이 책에서 어떠한 개인, 조직 또는 웹사이트가 인용되거나 잠재적 출처로 언급되었다는 것이 출판사나 작가가 이러한 개인, 조직 또는 웹사이트가 제공하는 정보를 보증한다는 것을 의미하는 것은 아닙니다. 또한, 본 출판물에 기재된 인터넷 웹사이트는 독자가 출판물을 읽는 시점에는 변경되거나 사라질 수도 있습니다. 당사의 기타 제품 및 서비스에 대한 정보나 기술적 지원이 필요한 경우에는 미국 내 고객지원부 (866) 744-2665 또는 미국 외 지역 고객지원부 (510) 253-0500로 문의하여 주시기 바랍니다. Althea 출판사는 많은 전자판·인쇄판 책을 출판합니다. 인쇄판에 수록된 일부 내용은 전자판에서 나타나지 않을 수 있으며, 또는 그 반대의 경우도 있습니다.

상표: Althea Press 및 Althea Press 로고는 미국 및 기타 국가에서 Callisto Media Inc.나 및/또는 그 계열사의 상표 또는 등록 상표이며 서면 허가 없이 사용할 수 없습니다. 다른 모든 상표는 해당 소유자의 자산입니다. Althea Press는 이 책에서 언급된 제품이나 공급 업체와는 관련이 없습니다.

일러스트 © 2018 사라 레바

ISBN: Print 978-1-64152-041-6 | eBook 978-1-64152-042-3

ADHD로 멋지게 살기

아동을 위한 워크북

켈리 밀러 (임상전문가)　사라 레바 그림
남경인, 김유안 옮김

좋은땅

개정판

ⓒ 켈리 밀러, 2022

개정판 1쇄 발행 2022년 3월 15일
2쇄 발행 2024년 10월 15일

지은이 켈리 밀러
일러스트 사라 레바
옮긴이 남경인, 김유안
펴낸이 이기봉
편집 좋은땅 편집팀
펴낸곳 도서출판 좋은땅
주소 서울특별시 마포구 양화로12길 26 지월드빌딩 (서교동 395-7)
전화 02)374-8616~7
팩스 02)374-8614
이메일 gworldbook@naver.com
홈페이지 www.g-world.co.kr

Thriving with ADHD Workbook for Kids by Kelli Miller
Text ⓒ 2018 by Kelli Miller (the "Author").
All rights reserved.
First published in English by Althea Press, a Callisto Media Inc imprint
Korean translation rights ⓒ 2019 by GWORLD
Korean translation rights are arranged with Callisto Media Inc, through AMO Agency Korea.
이 책의 한국어판 저작권은 AMO 에이전시를 통해 저작권자와 독점 계약한 좋은땅에 있습니다.
저작권법에 의해 한국 내에서 보호를 받는 저작물이므로 무단 전재와 무단 복제를 금합니다.

ISBN 979-11-388-0753-1 (73190)

- 가격은 뒤표지에 있습니다.
- 이 책은 저작권법에 의하여 보호를 받는 저작물이므로 무단 전재와 복제를 금합니다.
- 파본은 구입하신 서점에서 교환해 드립니다.

 KC마크는 이 제품이 공통안전기준에 적합하였음을 의미합니다.
책장에 손이 베이지 않게, 모서리에 다치지 않게 주의하세요.

내가 가장 사랑하는 멋진 두 아들 레미와 런던에게.

너희는 내가 이 책을 쓰는 데 가장 큰 영감이 되었고,
나를 매일 더 좋은 엄마 그리고 더 좋은 사람이 되도록 만든단다.

너희는 세상에 아주 많은 것을 주고 있어.

너희 둘 모두 ADHD로 태어난 것은
다른 모든 사람들에게 ADHD가 얼마나 특별한 것인지
알려 주기 위해서라고 믿어 의심치 않는다.

둘 다 사랑한다.

차례

- **10** 저자 서문
- **12** 아동을 위한 서문
- **14** 역자 서문

제1부: ADHD와 나

18 1장: ADHD란 무엇인가
- **23** 활동 1: 나의 증상은 무엇일까?
- **24** 활동 2: ADHD에 대한 오해와 진실
- **25** 활동 3: ADHD는 무엇의 약자?
- **26** 활동 4: 이제 아무렇지도 않아!
- **27** 활동 5: 긍정적으로 생각하자

30 2장: 나의 장단점
- **35** 활동 1: 다른 사람이 본 나의 장점은?
- **36** 활동 2: 자화상 그리기
- **37** 활동 3: 내 이름은 무슨 뜻?
- **39** 활동 4: 콜라주 만들기
- **40** 활동 5: 대단함 상자
- **41** 활동 6: 실패는 성공의 어머니
- **42** 활동 7: 유명인도 실패를 겪었다
- **43** 활동 8: 자신감 키우기

제2부: 난 ADHD에 지배당하지 않아!

48 3장: 감정을 다스리는 방법
- 49 활동 1: 나의 감정 방아쇠 찾기
- 52 활동 2: 분노에 대한 오해와 진실
- 54 활동 3: 몸의 변화 살피기
- 56 활동 4: 감정과 호흡
- 57 활동 5: 화를 낼 때는 남의 탓을 하지 않는다
- 58 활동 6: 융통성 있게 생각하기
- 60 활동 7: 역지사지하기

64 4장: 집중하는 방법
- 65 활동 1: 나는 언제 지루함을 느끼는가?
- 68 활동 2: 머릿속에 닻 내리기
- 69 활동 3: 짧은 휴식 취하기
- 70 활동 4: 비상 매뉴얼 만들기
- 72 활동 5: 숙제 보상 항아리
- 73 활동 6: 내 집중력에 도움이 되는 것은?

76 5장: 자기 조절, 충동 조절, 좋은 결정 내리기
- 78 활동 1: 결정 주사위
- 80 활동 2: 감정 빙고
- 82 활동 3: 긍정 경찰 되기
- 83 활동 4: 당황했을 때도 좋은 선택을 할 수 있다
- 84 활동 5: 다시 선택하기
- 86 활동 6: 3인칭화하기
- 88 활동 7: 제어 센터

제3부: 일상생활, 학교생활 잘하는 법

94 6장: 습관 바꾸기
- 95 활동 1: 저녁에 미리 준비하기
- 96 활동 2: 아침 지도
- 98 활동 3: 메모하기
- 100 활동 4: 연상하여 외우기
- 102 활동 5: 긴장 풀기

106 7장: 친구 관계와 의사소통
- 107 활동 1: 공감하기 Ⅰ
- 108 활동 2: 공감하기 Ⅱ
- 109 활동 3: 우정에 대한 오해와 진실
- 110 활동 4: 세 개의 진실, 하나의 거짓
- 112 활동 5: 정중한 말투와 불손한 말투
- 114 활동 6: 친절한 행동
- 115 활동 7: 부탁하기
- 116 활동 8: 샌드위치 화법
- 117 활동 9: 남에게 친절해지자!

120 8장: 계획 세우기
- 121 활동 1: 나는 어떤 유형의 학생인가?
- 122 활동 2: 주간 숙제 계획표
- 124 활동 3: 무엇부터 해야 할까? 우선순위 정하기
- 126 활동 4: 이미지 트레이닝
- 127 활동 5: 3단계 계획법
- 128 활동 6: 장애물 미로
- 130 활동 7: 크로스워드 퍼즐

134 **9장: 준비 끝!**
    135 활동 1: 나의 멋진 미래
    136 활동 2: 미래의 나에게 보내는 편지
    137 활동 3: 성공으로 향하는 사다리
    138 활동 4: 성공 레시피
    139 활동 5: 장애물 뛰어넘기
    140 활동 6: 게임은 계속된다

142 부모와 보호자를 위한 자료
145 아이들을 위한 자료
146 INDEX(찾아보기)
149 감사의 글

저자 서문

이 책을 읽고 있는 **당신은 ADHD 아동의 부모, 보호자, 상담사 또는 치료사**일 것입니다. ADHD 아동을 돕기 위해 이 책을 선택한 것을 매우 영광으로 생각합니다. 이 책은 아이들에게 큰 변화를 가져다줄 것입니다.

저는 미국에서 일하는 임상전문가(Licensed Clinical Social Worker)인 켈리 밀러입니다. 저는 많은 ADHD 아동과 보호자를 만나 왔으며, 두 명의 ADHD 아동의 엄마이기도 합니다. 그렇기에 저는 ADHD 아동 보호자의 도전과 좌절, 심적 고통을 잘 이해하고 있습니다. 저도 개인적으로 많은 고통을 겪었습니다. 언젠가는 너무 화가 나서 부엌 바닥에서 흐느껴 운 적도 있었습니다.

'왜 우리 아이들은 다른 아이들처럼 얌전히 앉아 있지 못할까?' 저는 종종 생각하곤 했습니다. 그러나 ADHD로 인해 생기는 행동을 이해하고 받아들이게 되면서, 이 아이들이 얼마나 특별한지 알게 되었습니다. ADHD 아동은 독특한 재능을 가지고 있습니다. 이들의 창의성, 감수성, 유머는 어느 누구와도 비슷하지 않습니다. 또한 이들이 세상을 바라보는 시각은 놀라울 정도로 독특합니다. 돌이켜 생각해 보면, ADHD 아동은 저의 최고의 스승이었다고 생각합니다.

이 책의 목표는 아이들이 ADHD가 전혀 '결함'이 아니며, 올바른 도구를 사용하면 ADHD가 오히려 자산이 될 수 있다는 것을 이해할 수 있게 하는 것입니다. 이 책은 '장점 위주 접근법'을 사용합니다. 이는 각 아동의 고유한 장점에 집중하고, 이를 통해 자신감을 키우는 방법입니다. 다시 말하면, 아이가 못하는 것이 아닌 잘할 수 있는 것에 집중하는 것입니다. 어떤 ADHD 아동은 이미 자신의 한계를 깨닫고 자신에 대한 부정적인 자기관(自己觀)을 가지고 살아갑니다. 그러나 이런 생각은 아이들의 성장에 도움이 되지 않습니다. 우리는 아이들을 격려하고 ADHD와 함께 이 아이들의 능력을 최대한 발휘할 수 있도록 도와야 합니다. 특히 어릴수록, 더욱 큰 효과를 기대할 수 있을 것입니다.

부모나 상담사로서 우리의 시간은 제한적이고, 아이들은 좌절내성(frustration tolerance)이 낮기 때문에, 저는 '아이들이 스스로' 할 수 있도록 최대한 쉬운 활동을 만들었습니다. 또한 도구의 사용을 최소화하고, 다양한 활동을 접할 수 있도록 노력했습니다. 무엇보다도 이 책은 제 아이들과 내담자에게 가장 효과적이었던 활동만을 모은 것입니다. 이 책의 활동은 혼자 하여도 괜찮고, 여러 명의 아이가 그룹으로 해도 괜찮습니다. 마지막으로, 아이들에게 어떤 활동은 쉽고, 또 어떤 활동은 어려울 것입니다. 이는 아이들의 성격과 연령이 모두 다르기에 당연한 것입니다. 그러나 이 책의 활동은 모두 ADHD 아동을 돕기 위해 만들어졌으며, 이를 통해 아이들은 자기 조절, 조직하는 방법, 과제 끝내는 법에 이르기까지 필요한 것을 모두 배울 수 있을 것입니다.

때로는 주어진 활동을 완수하기 위해 어른의 도움이 필요할 수도 있습니다. 아이가 일어서서 숙제하는 모습이나 화장실 거울에 종이를 붙여 놓은 것을 보고 도대체 무엇을 하는 건지 궁금해할지도 모릅니다. 또는 숙제를 끝낸 것에 대한 보상을 요구할 때도 있을 것입니다. 어떤 활동은 당신과 함께하고 싶어 할 것이고, 또 어떤 활동은 혼자서 하고 싶어 할 것입니다. 이는 아이들이 스스로에 대해 생각하기 시작하면서 나타나는 정상적인 과정입니다. 중요한 것은 아이들이 성공을 위하여 스스로 노력하고 있다는 사실입니다.

아동을 위한 서문

모두 만나서 반갑다. **나는 수십 명의 ADHD 아동과 일해 본 경험이 있는 치료사**란다. 난 아이들은 항상 재밌는 활동을 해야 한다고 생각해. 그래서 이 책은 너희를 돕기 위해 많은 재밌는 활동, 퍼즐, 게임을 포함하고 있어.

우선, 처음에는 ADHD가 무엇인지 이해하는 것부터 시작하자. ADHD라는 말을 들어본 적은 있겠지만, 이 알파벳들이 무엇을 의미하는지는 아마 잘 모를 거야. ADHD는 주의력 결핍 과잉 행동 장애(Attention Deficit Hyperactivity Disorder)의 약자야. 내 아들 레미도 ADHD를 가지고 있는데, 레미는 ADHD를 "어떤 특정한 행동을 하게 만드는 뇌의 상태"라고 생각한단다. 이 말은 어느 정도 맞는 말이야. ADHD는 뇌의 정상적 기능에 어려움이 있는 걸 말해. 그리고 ADHD는 사람마다 모두 다르게 나타난단다. 너희는 어쩌면 다른 아이들보다 더 활동적이고, 초조해하고, 이런저런 생각에 사로잡혀 있을 수도 있어. 매일 밤 숙제하는 게 어려울 수도 있고. 하지만 너희들도 다른 아이들이 할 수 있는 건 다 할 수 있단다. 단지, 조금 도움이 필요할 뿐이야.

안경을 쓴 사람을 생각해 보자. 이 사람은 안경이 없으면 앞이 잘 안 보이겠지만, 안경을 쓰면 다른 사람들만큼 잘 보여. 안경의 도움을 받는 거지. 마찬가지로 너희도 도움을 받으면, 집중하는 방법과 ADHD를 다루는 방법을 잘 알게 될 거야.

ADHD는 선천적인 거야. 다시 말해서, 너희가 태어날 때부터 가지고 있었다는 뜻이야. 너희가 잘못해서 ADHD가 생긴 게 아니야. 또 너희가 자라 온 환경 때문에 생긴 것도 아니야. 넌 그 자체로 너고, 정말 멋지단다.

이 세상의 수백만 명의 아이들이 ADHD를 가지고 있어. 그리고 많은 ADHD 아동은 멋진 어른이 된단다. 많은 유명인, 연예인, CEO, 교사, 의사, 소방관, 기술자, 기자, 심지어 치료사조차도 ADHD를 가지고 있어. 천재로 유명한 알버트 아인슈타인도 ADHD를 가지고 있었어. 너희도 ADHD가 없는 다른 아이들처럼 멋진 삶을 살 수 있어.

앞으로 아주 재미있는 활동들을 통해 ADHD를 다루는 여러 가지 방법을 배울 거야. 이 책을 잘 따라오면, 자기 자신에 대해서도 더 잘 이해할 수 있게 되고, 자기 자신을 돕는 방법도 알게 될 거야. 너희들이 자신감을 가지고 학교와 집에서 생활을 잘했으면 좋겠다. 준비됐니? 자 시작해 보자.

역자 서문

오랜 기간 마음이 아픈 아동과 청소년을 도와주는 일을 하며 ADHD 아동을 가장 가까이에서 지켜보았습니다. ADHD는 아이마다 발현되는 양상이 서로 다르기 때문에, 개인의 기질, 부모와의 관계, 또래 관계, 학교생활 등 환경적 요인을 종합적으로 고려하여 치료에 접근하여야만 합니다. 그러나 그 전에 우선 아동과 부모는 ADHD가 무엇인지부터 이해할 필요가 있습니다. 이 책을 통하여, 아이들을 돕고자 하는 치료사, 부모님들과 함께 고민하고자 합니다.

이 책은 ADHD에 대한 알기 쉬운 설명과 함께 아이가 가정과 학교에서 더 잘 지낼 수 있도록 돕는 많은 활동들이 포함되어 있습니다. 저자는 먼저 ADHD가 주의력 결핍 과잉 행동 장애의 약자라는 것부터 설명을 시작하여, ADHD를 "어떤 특정한 행동을 하게 만드는 뇌의 상태"라고 말합니다. 또한, ADHD가 문제 행동만을 일으키는 것은 아니며, 아이들에게 많은 재능을 가져다주기도 한다고 말합니다. 즉, ADHD는 전혀 결함이 아니며 올바른 도구를 사용하면 오히려 멋진 자산이 될 수도 있다는 것입니다. 특히, 이 책에서는 '장점 위주 접근법'을 사용하여 각 아동의 고유한 장점에 집중하도록 합니다. 아이가 못하는 것이 아닌 잘할 수 있는 것에 집중함으로써, 아이가 자신감을 기르고 미래에 성공할 수 있도록 돕는 것이 이 책의 목적입니다.

이 책에 나오는 예시의 설명은 한국의 실정에 맞게 번역하였으며, 여기에 나오는 아동의 이름은 한국식으로 수정하여 번역하였습니다.

아동과 청소년의 건강한 발달과 성장을 위하여 임상현장에서 노력하고 계신 치료사, 교사, 부모님 등 모든 분들께 이 책이 도움이 되기를 진심으로 기대합니다.

역자 남경인, 김유안

제1부

ADHD와 나

이 장에서는 ADHD의 정의와 그 유형, 그리고 그 증상에 대하여 알아본다. 이 장을 읽으며 "어? 이거 완전히 내 얘기인데?" 싶은 부분이 많을 것이다. 이를 통해 자신의 태도나 행동이 얼마나 ADHD와 관련이 있는지 알 수 있을 것이다. 또한 이 장을 통하여 자기 자신에 대하여 더욱 깊숙이 이해할 수 있게 되기를 바란다. 내가 잘하는 것은 무엇인지 그리고 내가 개선해야 할 점은 무엇인지도 생각해 보기를 바란다. 이 세상에서 완벽한 사람은 없으며, 그렇기에 누구든 개선되고 발전할 여지가 있다. 중요한 것은 자기 자신을 개선하려는 노력과 의지이다.

1장

ADHD란 무엇인가

많은 사람들은 ADHD에 대하여 잘 알지 못한다. ADHD는 자기 자신이 선택할 수 있는 문제가 아니며, 그렇기에 자신의 책임이 아니다. ADHD가 무엇인지 알게 되면, ADHD가 자신에게 어떤 영향을 미치는지 그리고 이에 대하여 어떻게 대처할 수 있는지 알 수 있다.

ADHD란 무엇인가?

ADHD는 뇌와 관련된 문제이다. 뇌는 매우 복잡한 기관으로, 그 구조와 기능을 공부하는 데에도 몇 년이 걸린다. ADHD와 뇌의 관련성에 대한 내용도 결코 적지 않은 분량이다. 오늘은 그중 가장 기본적인 것을 조금만 배워 볼 것이다. 이는 자기 자신을 이해하는 데에도 도움이 될 것이다.

우리 뇌의 전전두피질(prefrontal cortex)이라는 부위는 뇌의 다른 부분으로부터 들어오는 정보를 정리하고, 행동과 감정을 조절하는 역할을 한다. 또한 뇌의 집행기능을 담당하기도 한다. 쉽게 말해, 뇌에서 명령을 내리는 부분이다. ADHD는 전전두피질(또는 뇌의 집행기능)의 발달이 다소 지연되며 발생하는 것이다.

비행기가 지연되었다고 해서 목적지에 도착하지 않는 것은 아니다. 단지 예정된 시간보다 늦게 도착할 뿐이다. ADHD의 경우도 마찬가지다. ADHD 아동은 기억을 정리하는 법과 감정을 조절하는 법을 다소 늦게 습득할 뿐이다. 재미있는 것은, ADHD 아동의 경우 뇌의 발달은 늦지만, 오히려 사고가 빠른 경우가 많다는 것이다. 즉, 이들은 쉴 새 없이 다양하고 멋진 아이디어를 쏟아낸다.

사람은 모두 다르다

사람은 누구나 다른 사람과는 다른 점이 있길 마련이다. 세상에는 키가 큰 사람도 있는 반면, 작은 사람도 있다. 또한 안경을 쓴 사람도 있고, 쓰지 않은 사람도 있다. ADHD는 키나 안경과 마찬가지로 사람이 가지고 있는 많은 특성 중 하나이다. ADHD는 이상한 것이 아니다. 이는 '나'를 '나답게' 만드는 특성 중 하나이다. 우리는 지금 그대로도 충분히 멋지다.

ADHD의 세 가지 유형

ADHD는 크게 과잉행동-충동형, 주의력 결핍형, 복합형의 세 가지 유형으로 나뉜다. ADHD로 진단을 받은 사람은 이 세 가지 유형 중 하나에 포함이 된다. 자신이 이 중 어떤 유형인지 알면, ADHD가 자신에게 어떤 영향을 미치는지 더욱 정확하게 알 수 있다. 또한 개개인의 상황에 도움이 되는 최적의 방법을 찾는 데에도 도움이 된다. 각 유형에 대해서는 나중에 더 자세히 배울 것이다.

  병원에서 검사를 통해 자신의 ADHD 유형과 자신이 ADHD에 얼마나 영향을 받고 있는지 알 수 있다. 아직 이러한 자세한 진단을 받지 않았다고 해도 괜찮다. 아래의 설명을 통해 자신이 어느 유형에 해당하는지 짐작해 볼 수 있다.

• 과잉행동-충동형 ADHD

  과잉행동-충동형은 아동 ADHD 중 가장 흔한 유형이다. 이 유형에 해당하는 사람들은 움직이는 것을 좋아한다. 앉아 있는 것보다는 서 있는 것을 좋아하며, 자주 몸을 꼬고 안절부절못하며 나부대는 경향이 있다. 아마 이들이 가장 많이 듣는 말 중 하나는 "얌전히 좀 못 있겠니?"일 것이다. 이 유형의 사람들은 말을 매우 많이 하며, 여기저기 쏘다니는 것을 좋아한다. 또한 호기심이 매우 왕성하기도 하다. 이들은 항상 할 말이 많으며, 다른 사람의 말을 끊기도 하고, 무심코 비밀을 입 밖에 내버리기도 한다. 이들은 자기 자신을 조절하는 것을 어려워한다.

과잉행동-충동형인 사람은 대개

- 가만히 앉아 있기보다는 서 있고 싶어 한다.
- 자주 몸을 꼬고 나부대는 경향이 있다.
- 말을 많이 한다.
- 말을 빨리한다.
- 호기심이 아주 많다.
- 다른 사람을 방해한다.
- 무심코 비밀이나 정답을 입 밖에 내버린다.
- 자기 자신을 통제하는 것을 어려워한다.

• 주의력 결핍형 ADHD

  주의력 결핍형 ADHD 아동은 지시를 따르는 것이나 과제를 지속하는 것을 힘들어한다. 이 유형의 사람들은 자기 생각을 정리하는 것과 집중하는 것을 어려워하여 자주 실수를 저지른다. 이들은 종종 물건을 잃어버리기도 하고, 해야 할 일을 잊어버리기도 한다.

주의력 결핍 우세형인 사람은 대개

- 규칙이나 지시를 따르는 것을 어려워한다.
- 과제를 지속하는 것을 힘들어한다.
- 집중하는 것을 어려워한다.
- 체계적이지 못하다.
- 물건을 자주 잃어버린다.
- 해야 할 일을 자주 잊어버린다.

• **혼합형 ADHD**

　혼합형 ADHD 아동은 창의적이며 똑똑한 경향이 있다. 그러나 이들은 숙제를 제출하는 것을 잊어버리기도 하고, 너무 부산스럽다는 이유로 혼나기도 한다. 이 유형에 해당하는 사람들은 공상하는 것을 좋아하며 매우 활동적이다. 이 유형은 과잉행동-충동형과 주의력 결핍형의 특성을 모두 가지고 있다. 즉, 과잉행동과 충동성, 부주의함의 증상을 모두 나타낸다.

혼합형인 사람은 대개

- 가만히 앉아 있기보다는 서 있고 싶어 한다.
- 자주 몸을 꼬고 나부대는 경향이 있다.
- 말을 많이 한다.
- 말을 빨리한다.
- 호기심이 아주 많다.
- 다른 사람을 방해한다.
- 무심코 비밀이나 정답을 입 밖에 내버린다.
- 자기 자신을 통제하는 것을 어려워한다.
- 규칙이나 지시를 따르는 것을 어려워한다.
- 과제를 지속하는 것을 힘들어한다.
- 집중하는 것을 어려워한다.
- 체계적이지 못하다.
- 물건을 자주 잃어버린다.
- 해야 할 일을 자주 잊어버린다.

　위의 세 가지 유형 중 나는 어디에 해당하는가? 각 유형에 해당하는 특성을 보고, 자신에게 해당되는 것에 동그라미를 쳐라.

ADHD의 남녀 비율?

성별과 ADHD 출현율 사이에 연관성이 있을까? 남성은 비교적 어렸을 때 ADHD 진단을 받는 경우가 많은 반면, 여성은 이보다 늦게 진단을 받는 경우가 많다. 결과적으로 비율상으로는 큰 차이가 없게 된다. 사람에 따라서 ADHD는 다르게 발현되지만, ADHD 출현율과 성별 사이에 직접적인 관계는 없다.

약물치료

ADHD 치료를 위하여 병원에서 약을 처방받을 수도 있다. 그러나 이 책에서는 약물치료에 대하여 다루지는 않을 것이다. 그 대신, ADHD에 대한 행동주의적 접근을 할 것이다. 즉, 이 책에서는 ADHD 증상에 도움이 되는 활동에 중심을 맞출 것이다. 물론 행동주의적 접근과 함께 약물치료를 병행하면 더 좋은 효과를 기대할 수 있지만, 이에 대해서는 부모가 병원과 상의하여 결정하기를 바란다. 한 가지 주의해야 할 점은 약물치료는 ADHD 자체를 치료하는 것이 아니라, ADHD로 인한 증상을 완화하는 데 목적이 있다는 것이다.

활동 1

나의 증상은 무엇일까?

혈액검사를 하면 피검사자의 콜레스테롤 수치, 철분 수치 등 다양한 것을 알 수 있다. 그뿐만 아니라, 현대의학의 발전으로 현재 혈액검사 하나로 알 수 있는 것은 매우 많아졌다. 그러나 안타깝게도 혈액검사를 통하여 ADHD를 판별할 수는 없다. ADHD는 지금까지 언급했었던 ADHD 증상에 기초하여 진단한다. 일정 수 이상의 ADHD 증상을 보이며, 이로 인해 평소 생활에 어려움을 겪는 경우 ADHD로 진단될 수 있다.

아래의 증상 중 해당하는 것에 ✔ 표시를 해라.

- ☐ 많이 뛰고 움직이며 놀고 싶다.
- ☐ 가만히 앉아 있는 것이 힘들다.
- ☐ 상상력이 뛰어난 편이다.
- ☐ 정리하는 방법을 잘 모르겠다.
- ☐ 학교 숙제나 과제를 하는 데 어려움을 느낀다.
- ☐ 새로운 일을 시작하는 데 시간이 오래 걸린다.
- ☐ 다른 사람이 한 말을 제대로 듣지 못해 곤란한 적이 자주 있다.
- ☐ 한 가지 활동에 오랫동안 집중하지 못한다.
- ☐ 스트레스를 자주 받는다.
- ☐ 내가 관심 있는 분야에만 오랜 시간 집중할 수 있다.
- ☐ 조금이라도 일이 내가 원하는 대로 풀리지 않으면 기분이 나쁘거나 짜증이 난다.
- ☐ 조용히 있어야 할 때도 나도 모르게 큰 소리가 나오고 만다.

다른 사람에게 나의 ADHD에 대해 알리는 방법

대부분의 사람은 ADHD에 대해 잘 알지 못한다. 따라서 다른 사람에게 자신이 ADHD라는 것을 알릴 때는 ADHD가 어떤 것인지도 함께 설명해야 하는 경우가 많다. 이는 번거로울 수도 있으며, 사람에 따라서는 ADHD에 대하여 설명하는 것 자체가 힘들 수도 있다. 이럴 때는 그냥 "난 오랫동안 집중하기 힘들어." 또는 "나는 몸을 움직이는 걸 좋아해."라고 말하는 것도 좋은 방법이다.

활동 2

ADHD에 대한 오해와 진실

아래는 ADHD에 대해 일반적으로 알려진 것들이다.

옳다고 생각하는 문장에는 참에, 옳지 않다고 생각하는 경우에는 거짓에 ○ 표시를 해라.

1. ADHD는 의학적 문제가 아니다. **참 / 거짓**
2. ADHD 아동은 대부분 성인이 되면 그 증상이 사라진다. **참 / 거짓**
3. 부모가 엄하게 교육하면 ADHD를 예방할 수 있다. **참 / 거짓**
4. 설탕을 많이 섭취하면 ADHD가 생긴다. **참 / 거짓**
5. ADHD는 선천적이다. **참 / 거짓**
6. ADHD 아동은 단지 해야 할 일을 하고 싶지 않을 뿐이다. **참 / 거짓**
7. ADHD는 한국에만 있다. **참 / 거짓**
8. ADHD는 전염될 수도 있다. **참 / 거짓**
9. ADHD 아동은 항상 신나있다. **참 / 거짓**
10. ADHD 아동은 똑똑한 아이들이 많다. **참 / 거짓**

정답:
1. 거짓. ADHD의 진단은 의사가 내리며, 의학적 문제이다.
2. 거짓. ADHD 아동의 75%는 성인이 되어서도 여전히 ADHD를 가진다.
3. 거짓. ADHD는 DNA와 관련된 생물학적 문제로, 외부 환경에 영향을 받지 않는다.
4. 거짓. 설탕을 많이 섭취하면 특정 ADHD 증상이 악화될 수도 있지만, 설탕 그 자체가 ADHD를 유발하는 것은 아니다.
5. 참. ADHD는 선천적이다.
6. 거짓. 얼핏 보면 ADHD 아동은 게으름을 피우거나, 일부러 할 일을 하지 않는 것처럼 보이기도 한다. 그러나 ADHD는 뇌와 관련된 문제로 이들이 하고 싶지 않아서 하지 않는 것이 아니다.
7. 거짓. ADHD는 한국뿐 아니라, 다른 나라에도 있다.
8. 거짓. ADHD는 전염되지 않는다.
9. 거짓. ADHD에는 세 가지 유형이 있으며, 그중 주의력 결핍 우세형은 활동성이 높지 않다.
10. 참. 많은 ADHD 아동은 높은 지능을 가지고 있다.

활동 3

ADHD는 무엇의 약자?

ADHD는 Attention(주의) Deficit(결핍) Hyperactivity(과잉행동) Disorder(장애)의 앞 글자를 딴 것으로 주의력 결핍 과잉행동 장애를 의미한다. ADHD로 시작하는 다른 단어를 이용하여 자신을 잘 나타내는 글자를 만들어 보자.

Active
Dreamer
Happy
Dazzling

자 이제 시작해보자!

A _____

D _____

H _____

D _____

활동 4

이제 아무렇지도 않아!

처음 ADHD라는 말을 듣고서, 덜컥 겁을 먹었을 수도 있다. 그리고 조금 시간이 지나 ADHD가 그렇게 나쁜 것은 아니고 내가 나인 것에 변함이 없다는 것을 깨달았을 것이다. 어렸을 때는 무서웠지만 지금은 무섭지 않은 것을 아래에 그려 보자. 예를 들면, 어렸을 때는 치과에 가는 것이 무서웠지만 지금은 아무렇지도 않을 수도 있다.

활동 5

긍정적으로 생각하자

'전화위복(轉禍爲福)'이라는 말이 있다. 안 좋은 일도 노력하면 복이 될 수 있다는 뜻이다. 사물의 좋고 나쁨은 보는 사람의 관점에 달린 것이다. 즉, 안 좋은 일이라도 긍정적으로 생각하면 좋은 일로 만들 수 있다. ADHD에 대하여 긍정적으로 생각해 보자. 예를 들어, 쉽게 산만해진다는 것은 다시 말해 한 번에 여러 가지를 할 수 있다는 뜻이다.

아래의 예를 참고해 보자.

나는…	다시 말해 나는…
쉽게 산만해진다.	한 번에 여러 가지를 할 수 있다.
망상이 많다.	꿈이 크다.
예민하다.	다른 사람의 감정을 잘 헤아린다.
고집이 세다.	쉽게 포기하지 않는다.
말이 많다.	사회적이다.

나는 어떠한가? 아래의 표를 완성해 보자.

나는…	다시 말해 나는…

축하합니다!

ADHD에 대하여 더 잘 알게 되었는가? 부디 그러기를 바란다. 이제 우리가 배운 것을 다른 사람들과 나눠 보자. 우리가 지금까지 배운 것은 다음과 같다.

- ADHD란 무엇인가
- ADHD와 뇌의 관계
- ADHD의 증상, 오해, 진실
- ADHD의 세 가지 유형
- 나의 어떤 행동이 ADHD와 관련이 있는가

모든 ADHD 아동이 같은 증상을 보이고, 같은 경험을 하는 것은 아니다. 사람마다 ADHD가 나타나는 양상은 모두 다르며, ADHD 아동은 각각 독특한 자질을 가진 특별한 인간이다. 이 책을 통하여 각자의 독특한 자질을 장점으로 승화할 수 있게 되기를 바란다. 앞으로의 활동은 ADHD를 제어할 수 있는 방법에 대하여 배울 것이다.

2장

나의 장단점

'히어로'라는 말을 들으면 누가 생각이 나는가? 배트맨? 원더우먼? 히어로는 각자 자신만의 방식으로 강하다. 어떤 히어로는 하늘을 날기도 하고, 또 어떤 히어로는 건물 벽을 타기도 한다. 그러나 잘 관찰해 보면 히어로라고 해서 완벽한 것은 아니다. 배트맨은 위기에 처한 도시를 멋진 방식으로 구해내지만 대인기피증 때문에 밤에만 활약한다. 원더우먼 또한 매우 강한 히어로지만 자신의 패배를 인정하기 힘들어하는 경향이 있다. 마찬가지로 어떤 인간이든 잘하는 것이 있고 못하는 것이 있다. 나의 장단점을 파악하고, 단점을 보완하려고 노력하는 것이 중요하다.

파트 1: 내가 잘하는 것 찾기

먼저 자신이 잘하는 것부터 생각해 보자. 사람은 각자 잘하는 것이 있다. 어떤 아이는 레고를 잘 만들며, 동물과 잘 지내는 법을 알고, 매우 예의 바르다. 또 어떤 아이는 운동을 잘하며, 우는 아이를 잘 달랠 줄 알고, 사람들을 웃게 만드는 법을 안다. 내가 잘하는 것은 무엇인가? 또, 나에게 쉬운 것은 무엇인가?

아래의 문장을 읽고, 해당하는 것에 ✓ 표시를 해라.

- ☐ 나는 재미있는 아이디어가 많다.
- ☐ 나는 다른 사람의 기분이 안 좋으면 바로 안다.
- ☐ 나는 미술에 재능이 있다.
- ☐ 나는 움직이는 것을 좋아한다.
- ☐ 나는 다양한 것에 관심을 가지며, 한 가지에만 집중하는 것은 지루하다.
- ☐ 나는 다른 사람에게 나의 의견을 얘기하기를 좋아한다.
- ☐ 나는 내가 관심있는 것에는 매우 열정적이다.
- ☐ 나는 요리를 할 수 있다.
- ☐ 나는 음악에 재능이 있다.
- ☐ 나는 무언가 만드는 것을 잘한다.
- ☐ 나는 감수성이 강하다.
- ☐ 나는 춤을 잘 춘다.
- ☐ 나는 유행을 앞서간다.
- ☐ 나는 매우 활동적이다.
- ☐ 나는 게임을 매우 잘한다.
- ☐ 나는 컴퓨터를 잘한다.
- ☐ 나는 수영할 줄 안다.
- ☐ 나는 동물을 좋아한다.
- ☐ 나는 역사를 잘 안다.
- ☐ 나는 과학을 잘한다.
- ☐ 나는 사고가 유연하고, 새로운 것을 잘 받아들인다.
- ☐ 나는 다른 사람에게 친절하다.
- ☐ 나는 모험심이 강하다.
- ☐ 나는 상상력이 풍부하다.

기타:

    ADHD를 가진 사람이든 그렇지 않은 사람이든, 사람들은 모두 잘하는 것이 모두 다르다. 자신의 기분과 감정을 드러내는 방법도 다르며, 관심을 가지는 분야도 다르다. 이것이 모두 일치하는 사람이란 존재하지 않는다.

파트 2: 내가 어려워하는 것 찾기

파트 1에서는 내가 잘하는 것에 대해 알아봤다. 이번에는 나에게 어떤 것이 어렵거나 힘든지 생각해 보자. '조금 더 잘했으면 좋겠다.'라고 생각하는 분야가 있는가? 다른 사람이 무언가 하는 것을 보고, '어떻게 저런 걸 하지?'라고 생각해 본 적이 있는가? 사람은 모두 잘하는 것과 못 하는 것이 있다는 것을 기억하자.

아래의 문장을 읽고, 해당하는 것에 ✓ 표시를 해라.

- ☐ 나는 집중하는 것이 힘들다.
- ☐ 나는 쉽게 질리는 경향이 있다.
- ☐ 나는 가만히 앉아 있는 것이 힘들다.
- ☐ 나는 다른 아이들보다 자주 혼난다.
- ☐ 나는 화가 잘 나는 편이다.
- ☐ 나는 숙제나 해야 할 일을 종종 잊어버린다.
- ☐ 나는 차례를 기다리는 것이 힘들고, 이로 인해 주위 사람과 불화를 겪는다.
- ☐ 나는 화가 나면 소리를 지르거나 다른 사람을 때린다.
- ☐ 나는 다른 사람의 일에 자주 참견한다.
- ☐ 나는 잘 우는 편이다.
- ☐ 가끔 나 자신에게 짜증이 날 때가 있다.
- ☐ 다른 사람들이 나를 놀린다고 느낄 때가 많다.
- ☐ 다른 아이들은 모두 잘하는데, 나만 잘 못한다고 느낄 때가 많다.
- ☐ 나는 친구를 사귀기가 어렵다.
- ☐ 나는 학교생활을 더 잘하고 싶다.
- ☐ 나는 더 많은 친구를 사귀고, 좋은 관계를 유지하고 싶다.
- ☐ 스스로 더 자신감이 생겼으면 좋겠다.

기타:

　지금까지 자신이 잘하는 것은 무엇인지, 그리고 어려워하는 것은 무엇인지에 대하여 알아보았다. 또한 개선했으면 하는 것은 무엇인지에 대해서도 알아보았다. 앞으로의 활동을 통해, 자신이 어려워하는 것과 개선했으면 하는 것에 대하여 어떻게 대처하면 좋을지 탐구해 볼 것이다. 이 방법을 알게 되면 학교생활, 친구 관계, 자신감 형성에 큰 도움이 될 것이다.

활동 1

다른 사람이 본 나의 장점은?

가끔은 다른 사람에게는 보이는 나의 장점이 나에게는 오히려 보이지 않을 때가 있다. 이 활동을 통하여 평소에 인식하지 못했던 자기 장점을 깨닫고, 내가 얼마나 특별한 사람인지 알아보자.

준비물
- 나를 잘 아는 어른들(부모님, 선생님, 이모 등)
- 나를 잘 아는 또래 친구들(친한 친구, 형제자매, 사촌 등)
- 노트
- 필기구

노트와 필기구를 준비하고, 나를 잘 아는 어른들과 또래 친구들에게 나의 어떤 점이 가장 큰 장점이라고 생각하는지 물어라. 어떤 사람이 어떤 말을 했는지 잘 정리하여 적어야 한다. 아래에 예시가 있다.

물어 본 사람	대답
담임 선생님	착함, 재미있음, 독창적임
예지(친구)	친절함, 재미있음
동완(사촌)	예의바름, 상냥함, 활력이 넘침

노트를 잘 보관해 두고, 힘든 일이 있는 날에 다시 읽어 본다. 살다 보면 힘든 날이 있다. 그리고 이런 날에는 위로와 응원이 필요하다. 이 노트를 통해 나의 장점이 무엇인지 다시 상기해 보자. 큰 응원이 될 것이다.

활동 2

자화상 그리기

지난 활동을 통해 자신의 장점이 무엇인지 잘 알게 되었을 것이다. 이번에는 그것을 그려 보도록 하자. 다른 사람이 꼽은 자신의 장점 중에 가장 마음에 드는 것을 하나 고르고, 이 장점이 잘 드러나는 자신의 모습을 그려 보자. 예를 들어, 자신의 장점 중 하나가 '독창적임'이라면, 타임머신을 개발하고 있는 모습을 그린다. 아직 지난 활동을 끝내지 않았다면, 자신이 정말로 좋아하는 일을 하는 모습이나 자신의 특별함이 잘 드러날 수 있는 모습을 그려도 된다.

활동 3

내 이름은 무슨 뜻?

자기 이름으로 삼행시를 지어 보자. 어떤 단어가 나를 잘 표현할 수 있을까? 아래의 예시를 참고해 보자.

정이 많고

민첩하며

주관이 뚜렷하다.

우리는 모두 하나밖에 없는 존재이다

사람들은 모두 다르게 생겼다. 곱슬머리인 사람이 있고, 생머리인 사람이 있다. 또, 쌍꺼풀이 있는 사람도 있고 없는 사람도 있다. 이렇게 사람들의 겉모습이 모두 다르듯이, 사람들의 내면 또한 모두 다르게 생겼다. 외향적인 사람, 조용한 사람, 활동적인 사람 등 세상에는 다양한 사람들이 있다. 여기에 옳고 그른 것은 없다.

활동 4

콜라주 만들기

지금까지의 활동을 통해 자신이 어떤 사람인지 더 잘 알게 되었을 것이다. 이번에는 자신의 독특함을 나타낼 수 있는 콜라주를 만들어 보도록 하자.

준비물
- 잡지 2~3부
- 가위
- 풀 또는 스카치테이프
- 큰 종이

　잡지를 보며, 자신을 나타낼 수 있는 단어나 사진을 최대한 많이 찾아 오린다. 그 다음 풀이나 스카치테이프를 사용하여, 큰 종이에 붙인다. 콜라주에는 정답이 없다. 자신이 원하는 위치에 원하는 방식으로 붙이고, 자유롭게 꾸미면 된다. 스티커나 다른 재미있는 도구를 이용하여도 좋다. 자신이 선택한 단어와 사진이 자신이 좋아하는 방식으로 표현되며, 이것이 '나'를 나타낸다는 것이 중요하다. 이 활동은 자기 자신을 새롭고 흥미로운 방법으로 볼 수 있도록 돕는다.

활동 5

대단함 상자

우리는 정말로 멋지고 이 세상에 단 하나밖에 없는 특별한 존재이다. 이번 장의 활동을 통하여 이를 깨닫기 바란다. 나의 장점과 대단함은 무엇인가? 여기에 이를 한군데에 모아 보자.

준비물

- 신발 상자(또는 작은 상자)
- 풀 또는 스카치테이프
- 가위

지금까지의 활동을 통해 자신의 장점이 무엇인지 충분히 알게 되었을 것이다. 이를 바탕으로 주어진 문장을 채워라.

나의 최고의 장점은

내가 좋아하는 나의 성격은

내가 잘하는 것은

사람들은 내가

할 때 칭찬한다.

내가 대단한 이유는

이제 자신이 쓴 문장을 노트에 옮겨 적어 보자. 그리고 이를 한 문장씩 자른 뒤, 상자의 밑면을 제외한 겉면에 각각 붙여 준다. 원한다면 상자를 멋지게 꾸며도 된다. 그 다음 상자 안에 자신의 기분을 좋게 해 주는 물건을 넣는다. 자랑스러운 순간의 사진이나 성적표, 태권도 단증 등을 넣을 수 있다.

활동 6

실패는 성공의 어머니

많은 사람들은 무언가에 실패하면 화를 낸다. 또는 실망하고, 좌절하고, 짜증 내며 마음에 상처를 입는다. 어쩌면 그것은 당연하다고 할 수 있다. 최선을 다했음에도 불구하고 일이 잘 안 풀렸을 때도 평소와 같을 수 있는 사람은 없을 것이다. 그러나 이를 단지 실패로 끝내지 말고, 성공의 디딤돌로 삼을 줄 알아야 한다. 예를 들어, 태권도 승단 시험에서 떨어졌다고 생각해 보자. 그러면 어떻게 하면 다음 시험에는 통과할 수 있을지 많은 궁리를 하게 될 것이다. 다음 시험을 위해 더 열심히 연습할 것이고, 사범님께 더 많은 질문을 하게 될 것이다. 또한 인터넷에서 다른 사람의 경험담이나 동영상을 보며 공부할 수도 있다. 실패는 성공의 어머니이다.

처음에는 실패했지만, 시간이 지나 실패를 극복한 경험이 있는가? 한 번 써 보자.

활동 7

유명인도 실패를 겪었다

우리가 아는 유명인 중에는 실패를 겪었던 사람이 많이 있다. 이들은 실패했을 때 주저앉지 않고, 끊임없이 노력했기 때문에 성공할 수 있었다. 끊임없는 노력과 인내, 끈기만 있다면 이루지 못할 것은 없다.

각각의 일화의 주인공을 찾아보자

1. 알버트 아인슈타인

2. 스티븐 스필버그

3. 월트 디즈니

4. 토마스 에디슨

5. 베라 왕

6. 오프라 윈프리

A. "상상력이 부족하고 아이디어가 별로다."라는 이유로 신문사에서 해고되었다. 이 사람은 현재 아카데미상 개인 최다 수상 기록을 가지고 있다. 또한 디즈니랜드를 만들기도 하였다.

B. "뉴스에 너무 감정을 실어서 전달한다."라는 이유로 뉴스 앵커 자리에서 해고되었다. 이 사람은 현재 역대 최고의 토크쇼 진행자로 불린다.

C. 이 사람은 영화 학교에서 여러 번 거절당했다. 그러나 이후 〈죠스〉, 〈ET〉 등을 포함한 많은 영화를 만들었으며 아카데미상을 세 번 수상했다.

D. 이 사람은 1968년 동계 올림픽 피겨 스케이팅 미국 국가 대표가 되는 데 실패하였다. 현재는 가장 성공한 패션 디자이너 중 한 명이다.

E. 어린 시절 선생님으로부터 "너무 멍청하다."라는 말을 들었다. 그러나 이 사람은 1,000개가 넘는 특허를 냈고, 백열전구와 영화 카메라 등 인류사에 중요한 발명품을 만들었다.

F. 이 사람은 어린 시절 대인 관계가 서툴렀으며, 선생님으로부터 "너의 질문을 이해하지 못하겠다."라는 말을 들었다. 이 과학자는 훗날 노벨 물리학상을 받았다.

정답:
A-월트 디즈니, B-오프라 윈프리, C-스티븐 스필버그, D-베라 왕, E-토마스 에디슨, F-알버트 아인슈타인

활동 8

자신감 키우기

자신감이 있다는 뜻은 자기 자신을 믿는다는 뜻이다. 나는 자신감이 있는 편인가? 아니면 자기 능력에 대해 의구심이 드는가? 사람은 누구나 자신감을 가지고 싶어 한다. 놀랍게도, 자신감을 키우는 가장 좋은 방법의 하나는 바로 착한 일을 하는 것이다. 여기에서 착한 일이란 상대방을 웃는 얼굴로 대하기, 상대방을 칭찬하기, 상대방에게 친절하게 대하기와 같이 상대방을 기분 좋게 해 줄 수 있는 일을 말한다. 아래는 착한 일의 다른 예시들로, 자신감을 키우는 데에도 도움이 된다.

- 동생의 공부를 도와준다.
- 집안일을 돕는다.
- 버스를 탈 때 인사를 한다.
- 친구의 장점을 칭찬한다.
- 친구에게 안 좋은 일이 생겼을 때, 옆에서 위로한다.

다른 착한 일에는 무엇이 있을까?

축하합니다!

이번 활동을 통해 자기 자신에 대해 더 잘 알아볼 기회가 되었는가? 어떤 활동이 제일 마음에 들었는가? 이번 활동이 자기 자신의 좋은 점을 알게 되는 기회가 되었기를 바란다. 또한 유명한 사람들이 실패에서 좌절하지 않고, 오히려 이를 통해 성공의 발판으로 삼았음을 기억하기를 바란다. 만약 이들이 실패를 받아들이고 더는 도전하지 않았더라면, 현재 우리의 삶은 어떠하였을지 생각해 보자. 포기하지 않고 끈기와 인내를 가지면 어떤 꿈도 이룰 수 있다.

제2부

난 ADHD에 지배당하지 않아!

'자기 조절 (self-regulation)'이라는 말을 들어본 적이 있는가? 이는 자기 통제 (self-control)와 비슷하다. 자기 조절은 자기 몸과 감정을 알고, 필요한 순간에 침착함을 유지할 줄 아는 것이다. 예를 들어, 내가 보고 싶은 영화 대신 동생이 보고 싶은 영화를 봐야만 한다면 기분이 상할 것이다. 이때, 내가 자기 조절을 할 줄 모른다면 화를 내고 소리를 지를 것이다. 그러나 자기 조절을 할 줄 안다면 여전히 화는 나겠지만, 심호흡을 하고 자신을 진정시키려 할 것이다.

  자기 조절은 불편한 상황을 극복하는 데 도움이 될 수 있다. 예를 들어, 사람이 많고 시끄러운 장소가 불편하다면 헤드폰을 사용하여 소리를 차단할 수 있다. 제 2 부에서는 자기 조절 방법을 배우고, 이를 통해 ADHD를 통제하는 방법을 알게 될 것이다.

3장

감정을 다스리는 방법

때때로 사람은 매우 격렬한 감정을 느낀다. 엄청나게 화가 나 본 적이 있는가? 또는 엄청난 실망감을 느껴 본 적이 있는가? 감정은 날씨와 비슷하다. 날씨는 흐릴 때도 있고, 맑을 때도 있다. 영원히 흐린 날이 계속되지는 않는다. 마찬가지로 화가 날 때가 있으면 행복할 때도 있다. 아무리 화가 났다고 해도 그 감정이 영원히 지속되는 것은 아니다. 이 장에서는 감정을 다스리는 방법에 대하여 배울 것이다.

활동 1

나의 감정 방아쇠 찾기

어떤 사람들은 손톱으로 칠판을 긁는 소리를 견디지 못할 만큼 싫어한다. 이 사람들에게는 손톱으로 칠판을 긁는 소리가 기분 나쁜 감정을 유발하는 '방아쇠'인 것이다. 가시에 찔리면 아픈 것과 마찬가지로, 이러한 감정의 방아쇠가 당겨지면 기분이 불쾌해진다. 사람들은 각자 다른 감정 방아쇠들을 가지고 있다. 어떤 방아쇠는 사람을 화나게 만들기도 하고, 또는 실망하게 만들기도 한다. 자신의 감정 방아쇠가 무엇인지 알면 이것이 당겨지기 전에 막을 수 있다. 물론 이를 언제나 막을 수 있는 것은 아니지만 감정을 예측할 수 있는 것은 큰 도움이 된다.

민지는 수영과 그림 그리기를 좋아하는 10살의 여자아이다. 그리고 다른 사람들과 마찬가지로 민지도 화가 날 때가 있다. 최근 민지는 다음과 같은 이유로 화가 났다.

방아쇠 1: 언니가 아침에 화장실에서 씻느라 아주 오랫동안 안 나왔다.
방아쇠 2: 엄마가 학교에 늦게 데리러 왔다.
방아쇠 3: 숙제가 어려웠다.

감정은 날씨와 비슷하다고 한 것을 기억하는가? 비가 오기 전에는 먼저 날씨가 흐려진다. 마찬가지로, 화가 나기 전에는 먼저 조금씩 스트레스를 받는 것부터 시작한다. 자신이 무엇 때문에 화가 나는지 안다면, 이를 미리 대비할 수 있다. 아래는 민지의 감정 방아쇠가 당겨지지 않도록 하는 방법들이다.

방아쇠 1: 언니가 아침에 화장실에서 씻느라 아주 오랫동안 안 나왔다.
해결책 1: 엄마의 허락을 받아 화장실에 타이머를 설치하여, 씻는 시간을 똑같이 만든다. 또는 저녁에 미리 샤워를 하여 아침에 서두를 필요가 없도록 한다.

방아쇠 2: 엄마가 학교에 늦게 데리러 왔다.

해결책 2: 엄마가 늦을 때를 대비하여 읽을 만한 책을 미리 가방 안에 넣어 둔다. 또는 학교 숙제를 미리 하며 엄마를 기다린다.

방아쇠 3: 숙제가 어려웠다.

해결책 3: 선생님이나 부모님께 도움을 요청한다.

이처럼 감정 방아쇠에 대한 해결책을 찾으면 방아쇠가 당겨지는 것을 막을 수 있다. 가끔 자신이 생각한 해결책이 통하지 않는 경우가 생길 수도 있다. 그럴 때는 새로운 해결책을 생각해 보자. 또는 어른에게 도움을 받을 수도 있다는 사실을 기억하자. 나의 감정 방아쇠는 무엇인가? 무엇이 나를 화나게, 짜증 나게, 또는 슬프게 만드는지 아래에 써 보자. 이 문제에는 옳고 그른 것이 없다. 자신의 솔직한 생각을 적으면 된다. 나의 감정 방아쇠가 무엇인지 잘 모르겠다면, 가장 최근에 무엇 때문에 화가 났는지부터 생각해 보자.

방아쇠 1: _____

방아쇠 2: _____

방아쇠 3: _____

이번에는 나의 감정 방아쇠에 대한 해결책을 생각해 보자.

해결책 1: _____

해결책 2: _____

해결책 3: _____

감정은 날씨와 같다

사람들은 태풍이나 폭설이 온다는 소식을 들으면 이에 대비한다. 밖에 나가지 않아도 되도록 미리 식량을 사거나, 혹시 모를 정전에 대비해 촛불을 사 놓기도 한다. 이와 마찬가지로 강렬한 감정을 느끼기 전에는 이에 대해 미리 대비해야 한다. 강렬한 감정을 마주하였을 때 자신이 무엇을 할 것인지 미리 생각해 두어야 한다.

활동 2

분노에 대한 오해와 진실

사람은 누구나 살면서 화가 난다. 그리고 사람들은 보통 화가 나면 우선 참으라고 교육받는다. 그러나 화가 나는 것은 잘못된 것이 아니다. 화를 부적절하게 표출하는 것이 잘못된 것이다. 쉽게 말하면, 화가 난다고 해서 물건을 던지거나 남을 때려서는 안 된다는 말이다. 다음은 분노에 대해 일반적으로 알려진 것들이다.

옳다고 생각하는 문장에는 참에, 옳지 않다고 생각하는 경우에는 거짓에 ○ 표시를 해라.

1. 사람은 누구나 살면서 화가 날 때가 있다. **참 / 거짓**
2. 나는 분노가 폭발하지 않도록 하는 방법을 배울 수 있다. **참 / 거짓**
3. 선생님들은 화가 나는 일이 없다. **참 / 거짓**
4. 사람들은 화가 나면 항상 소리를 지른다. **참 / 거짓**
5. 화가 났을 때, 내가 먼저 잘못한 일이 있다면 사과하는 것이 좋다. **참 / 거짓**
6. 화가 나서 소리를 치는 사람은 보통 자기감정을 주체할 수 없어서 그런 것이다. **참 / 거짓**
7. 자신의 감정 방아쇠를 알면, 분노가 폭발하는 것을 막을 수 있다. **참 / 거짓**
8. 조용한 사람은 화를 안 낸다. **참 / 거짓**
9. 사람들은 화를 내서는 안 된다. **참 / 거짓**
10. 분노는 정상적이고 건강한 감정이다. **참 / 거짓**

정답:
1. 참.
2. 참.
3. 거짓. 선생님들도 다른 사람과 마찬가지로 화가 날 때가 있다.
4. 거짓. 화가 난다고 해서 누구나 소리를 지르는 것은 아니다. 어떤 사람들은 방에서 혼자만의 시간을 보내기도 하고, 울기도 한다.
5. 참.
6. 참.
7. 참.
8. 거짓. 성격과 상관없이 사람들은 모두 화를 낼 때가 있다.
9. 거짓.
10. 참. 다른 감정들과 마찬가지로 분노도 정상적인 감정 중 하나이다.

침착해지는 방법

다음과 같은 방법을 사용하면, 침착함을 유지하는 데 도움이 된다.

심호흡: 크게 몇 번 심호흡을 하면 마음을 안정시키는 데 도움이 된다.

몸에 힘 빼기: 어깨와 손에 힘을 빼고, 얼굴 근육을 이완시킨다.

걷기: 잠깐 산책을 하며 생각을 정돈한다.

활동 3

몸의 변화 살피기

게임을 좋아하는 선우는 부모님으로부터 컴퓨터를 끄라는 소리를 들으면, 매우 화를 낸다. 계속 게임을 하고 싶기 때문이다. 화가 난 선우는 부모님께 소리를 지르고 물건을 던지곤 한다.

화가 났을 때 자신에게 어떤 변화가 생기는지 알면, 이를 조절하는 데 도움이 된다.

선우는 화가 나면 얼굴이 빨개지고, 어깨에 힘이 들어가며, 숨이 얕고 짧아진다. 이를 알아챈 선우는 화가 나면 우선 크게 심호흡을 하고, 어깨에 힘을 빼기로 했다. 몸이 화가 났을 때의 상태에서 벗어나도록 하는 것이다. 그랬더니 점차 마음이 안정되는 것이 느껴졌다.

1. 화가 나면 어떤 생각이 드는가? 또 몸에는 어떠한 변화가 생기는가? 주먹을 꽉 쥐는가? 운동이라도 한 것처럼 숨을 빠르게 쉬는가? 울기 시작하는가? 이를 꽉 깨무는가? 또는 어깨에 힘을 주는가? 다음 페이지에 있는 그림에 내가 화가 나면 변하는 곳에 동그라미를 쳐 보자.

2. 이번에는 어떻게 하면 내 몸의 변화를 진정시킬 수 있는지 생각해 보자. 동그라미 친 곳 옆에 각각 적어 보자.

슬플 때는 몸에 어떤 변화가 생기는가? 화가 났을 때와 비교해 보자.

앞으로는 화가 나거나 슬플 때, 이번에 생각한 방법을 사용하여 몸을 진정시키도록 해 보자. 몸의 변화를 막으면 마음 또한 안정되는 것을 느낄 수 있을 것이다.

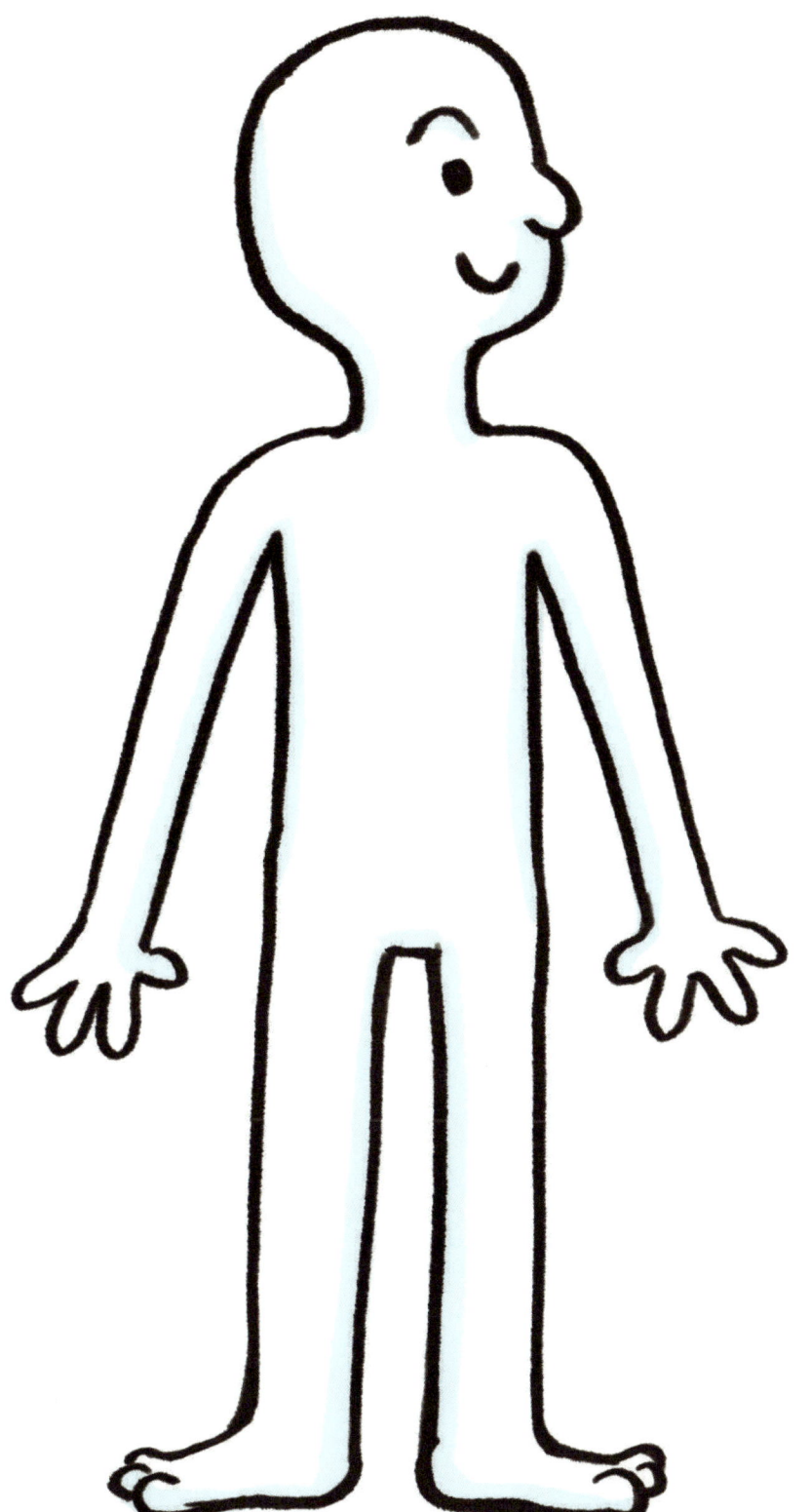

활동 4

감정과 호흡

감정을 주체할 수 없었던 적이 있는가? 다시 말해, 자신의 감정을 조절할 수 없다고 느낀 적이 있는가?

감정은 호흡을 따라간다. 숨을 천천히 쉬면 마음도 느긋해진다. 다음 방법은 화났을 때뿐만 아니라 긴장했을 때, 당황했을 때 등 마음을 진정시켜야 하는 다양한 상황에서 쓸 수 있다.

준비물
- 인형(또는 가벼운 물체)

우선 침대나 바닥에 눕고, 인형을 배꼽 위에 둔다. 그리고 숨을 크게 들이쉰다. 그 다음 천천히 숨을 내뱉는다. 숨을 내쉼과 동시에 인형이 위아래로 왔다 갔다 하는 것을 볼 수 있을 것이다. 이 행동을 최소 세 번 이상 반복한다. 이 방법은 간단하지만, 마음이 차분해지는 효과가 있다.

아지트를 만들자

세상의 모든 것으로부터 도망치고 싶다는 생각을 한 적이 있는가? 여기 그 방법을 소개한다. 집에서 가장 마음이 편안해지는 장소를 찾아라. 방구석이나 책상 밑 등 어디라도 좋다. 힘든 일이 있을 때 이 장소에서 쉬어라. 베개, 이불, 책, 인형 등 자신을 편안하게 만드는 물건을 가져오면 더욱 좋다.

활동 5

화를 낼 때는 남의 탓을 하지 않는다

사람들은 화가 나면 감정적으로 된다. 평소라면 하지 않았을 법한 말이나 행동을 하며, 상대방을 모욕한다. 결국 상대방은 이러한 나의 언행에 화가 나서 나를 모욕한다. 그렇게 사태는 더욱 심각해진다. 이 활동에서는 화가 났을 때도 다른 사람들과 침착하게 얘기할 수 있는 방법을 배울 것이다. 내가 무엇 때문에 화가 났는지보다는 '**내가**' 무엇을 느끼고 있느냐에 집중하는 방법을 배워 보자.

다음 이야기를 읽어 보자.

석봉이와 지환이는 친구 사이이다. 어느 날, 지환이는 석봉이에게 며칠 동안 닌텐도 게임기를 빌려 달라고 부탁했다. 석봉이는 조금 곤란했다. 요즘 들어 매일 닌텐도 게임기로 게임을 하기 때문이다. 하지만 석봉이는 지환이가 게임을 아주 좋아하는 것을 알고 있었다. 그래서 사흘 동안만 빌려주기로 했다. 그러나 사흘 후, 지환이는 게임기를 돌려줄 수 없다고 말했다. 이유를 묻자, 지환이는 동생이 닌텐도 게임기 안에 동전을 집어넣어서 게임기가 고장 났다고 말했다. 석봉이는 매우 화가 나서, 지환이에게 "지금 장난 하냐! 네가 간수를 잘했어야지!"라고 소리치고 싶었다. 친구를 위해 좋은 마음으로 게임기를 빌려줬더니, 고장이 났기 때문이다. 그러나 석봉이는 소리치는 대신, 다음과 같이 말했다.

"**나는** 게임기가 고장 나서 정말 화가 나."

석봉이가 남의 탓을 하지 않고, 자신이 무엇을 느끼고 있는지에 집중하여 말하고 있는 것이 보이는가? 석봉이는 지환이를 모욕감을 주지 않고 자신이 화가 났음을 전달하고 있다.

아래는 내가 무엇을 느끼는지 상대방에게 전달하는 방법이다. 내가 느끼는 감정을 "**나는**"으로 시작하는 문장으로 표현해 보자.

나는 _____ 할 때 _____ 을/를 느낀다.
　　　　　　　　　　　　　　　　　　(감정)

나는 _____ 때문에 화가 난다.

나는 _____ 때문에 기분이 안 좋다.

활동 6

융통성 있게 생각하기

미술 시간에 지점토나 찰흙을 만져 본 적이 있는가? 이것들은 주무르는 대로 계속 변한다. 처음에는 지점토를 항아리 같은 모양으로 만들었다가, 다시 주물러서 사람 모양으로 만들 수 있다. 이 활동에서는 생각을 마치 지점토처럼 자유롭게 다루는 방법을 배울 것이다.

　　ADHD 아동은 종종 한 가지 생각에 사로잡히면 이를 쉽게 바꾸지 못한다. 예를 들어, 친구와 내가 서로 보고 싶은 영화가 다르다고 생각해 보자. 이 경우 우리는 '내가 원하는 영화를 보고 싶다.'라는 생각에만 사로잡힌다. 그리고 내가 원하는 영화를 보지 못하게 되면 깊은 실망감을 느낀다. 그렇다고 해서 내가 원하는 영화를 보게 된다면 이번엔 친구가 실망감을 느낄 것이다. 그렇다면 내가 실망하거나 친구가 실망하는 두 가지 선택지밖에 없는 것일까? 그렇지 않다. 융통성 있게 생각하는 방법을 배운다면, 둘 다 최대한 만족할 수 있는 선택을 할 수 있다. 한 가지 생각에 머무르지 않고, 그때그때 상황에 맞게 생각을 바꾸는 방법을 알아보자.

　　아래는 융통성 있는 사고의 한 가지 예시이다.

　　은지는 피구가 하고 싶었고, 다슬이는 농구가 하고 싶었다. 그러나 다슬이가 "난 피구 싫어! 농구 할래."라고 말한다면 은지는 슬퍼할 것이다. 그래서 다슬이는 융통성 있게 생각하기로 했다. "그럼 10분 동안 농구한 다음에 피구를 10분 동안 하는 건 어때?" 은지는 이 생각에 동의했다.

> **어떻게 하면 빠르게 결정을 내릴 수 있을까?**
>
> 순간순간 결정을 빠르게 내리는 것은 쉬운 일이 아니다. 만일 친구와 다른 의견을 가지게 되는 상황이 오면 우선 '어떻게 하면 모두 최대한 만족할 수 있는지'에 초점을 맞춰서 생각해 보자.

아래의 상황을 보고, 어떻게 하면 서로 타협할 수 있을지 별 모양이 그려진 티셔츠를 입은 아이의 입장에서 생각해 보자.

활동 7

역지사지하기

다른 사람의 감정을 알 방법이 있을까? '역지사지(易地思之)'하면 이것이 가능하다. 이는 다른 사람의 처지에서 생각한다는 뜻이다. 즉, 내가 상대방이었다면 어떤 감정을 느꼈을지 생각해 보는 것이다. 다른 사람의 감정을 알려고 노력하면 사람들과 더욱 좋은 관계를 맺을 수 있으며, 나 자신의 자신감 향상에도 도움이 된다.

내가 방청소를 하지 않아 엄마가 화가 났다고 가정해 보자. 이때 엄마의 입장에서 생각해 보면 어떠한가? 엄마는 나에게 몇 번이고 방청소를 하라고 얘기했음에도 불구하고 내가 아직도 방청소를 하지 않은 것에 대해 실망하고 화가 났을 것이다.

아래의 상황을 읽어 보고, 상대방의 처지에서 생각해 보자.

1. 학예회 연극에서 친구가 하고 싶어 하는 배역을 맡았다.

   내가 친구였다면 무슨 생각이 들었을까?

   ----

2. 친구에게 3시에 집에 놀러 가겠다고 약속했는데, 늦어서 4시가 넘어 도착했다.

   내가 친구였다면 무슨 생각이 들었을까?

   ----

3. 엄마가 빨래를 개어 놓으라고 했는데, 깜빡하고 안 하고 말았다.

   내가 엄마였다면 무슨 생각이 들었을까?

   ----

4. 언니에게 물어보지 않고 언니의 물건을 멋대로 썼다.

   내가 언니였다면 무슨 생각이 들었을까?

   ----

5. 친구가 웃으며 인사했지만 무시했다.

   내가 언니였다면 무슨 생각이 들었을까?

일기 쓰기

일기를 쓰거나 그림을 그리는 것은 마음을 진정시키는 좋은 활동이다. 펜으로 무언가를 쓰거나 그리는 것은 그 자체만으로 심신을 안정시키는 효과가 있다. 자신이 어떤 감정을 왜 느꼈는지 쓰거나, 무슨 일이 일어났는지 그림을 그리는 것은 마치 오래된 친구에게 고민 상담을 하는 것과 같은 느낌을 준다. 일기장에 자신의 감정을 쏟아 버림으로써 좀 더 홀가분해질 수 있다.

축하합니다!

이번 장에서 배운 것은 다음과 같다.

- 감정을 느끼는 것은 부끄러워할 것이 아니다. 이는 지극히 정상적이고 건강한 것이다.
- 분노, 슬픔, 행복, 실망, 당황 등의 감정은 누구나 느끼는 것이다.
- 자신이 어떤 감정을 어떻게 느끼는지, 왜 느끼는지 알면 감정이 폭주하는 것을 막을 수 있다.
- 어떤 '감정 방아쇠'로 인해 내가 화나는지 알면, 그 상황을 미리 막을 수 있다.
- 분노는 정상적인 감정이다. 그러나 이를 건강하게 표출하는 방법을 알아야 한다.
- 배 위에 인형을 두고 심호흡하면 마음을 안정시킬 수 있다.
- 화가 났을 때, 상대방을 탓을 하기보다는 '내가' 어떻게 느꼈는지 설명하라.
- 융통성 있게 생각하기 시작하면 주변 사람들과 더욱 잘 지낼 수 있다.

4장

집중하는 방법

가끔 무언가에 집중하기 어려울 때가 있다. 자신이 관심 있는 분야에는 집중하기가 훨씬 쉽지만, 그렇지 않은 분야에는 집중력을 계속 유지하기가 어렵다. 이는 ADHD의 특성 중 하나이다. ADHD를 가진 사람들은 쉽게 산만해진다. 그러나 산만해진다고 하여 집중하지 않고 있는 것은 아니다. 이들은 한 번에 여러 가지에 집중하고 있는 것이다. 이 장에서는 한 번에 한 가지에만 집중하는 방법을 배울 것이다.

활동 1

나는 언제 지루함을 느끼는가?

이 활동에서는 내가 어떤 것을 지루해하는지, 그리고 지루할 때 어떤 행동을 하는지 알아볼 것이다. 학교에서 선생님이 재미없는 얘기를 할 때 어떻게 하는가? 몸을 이리저리 움직여 보는가? 책상 밑에 손을 두고 몰래 다른 짓을 하는가? 창문을 보는가? 옆자리 친구에게 말을 거는가? 먼저, 언제부터 자신이 지루함을 느끼기 시작하는지 알아야 한다.

이제 아래의 몇 가지 질문에 대답해 보자.

아래는 내가 무엇을 느끼는지 상대방에게 전달하는 방법이다. 내가 느끼는 감정을 "**나는**"으로 시작하는 문장으로 표현해 보자.

나는 _____ 할 때 지루함을 느낀다.

나는 _____ 할 때 지루함을 느낀다.

나는 _____ 할 때 지루함을 느낀다.

나는 _____ 할 때 지루함을 느낀다.

나는 지루함을 느끼면 (해당하는 것에 모두 ✓ 표시해라.)

- ☐ 다리를 떤다.
- ☐ 발을 동동 굴린다.
- ☐ 입으로 이상한 소리를 만들어 본다.
- ☐ 옆자리 친구에게 장난을 친다.
- ☐ 일어나서 주위를 돌아다닌다.
- ☐ "지루해." 또는 "재미없어."라고 큰 소리로 말한다.
- ☐ 옆자리 친구에게 말을 건다.

기타 _____

집중하는 방법

65

지루함을 느낄 때, 주위 사람에게 지장을 주지 않고 할 수 있는 행동

- 낙서하기, 그림 그리기
- 내가 해야 할 일에 대한 목록 만들기
- 일어서 있기
- 조용히 간식 먹기
- 손에 뭔가를 쥐기
- 책상 정리
- 이어폰을 끼고 음악 듣기

주의할 것: 위의 행동들은 어디서나 항상 할 수 있는 것은 아니다. 상황에 따라서 어떤 행동은 미리 허락을 구해야 할 수도 있다. 앞서 나열된 것 이외에 어떤 활동을 하면 좋을지도 생각해 보자.

활동 2

머릿속에 닻 내리기

한자리에 계속 앉아 있는 것은 힘든 일이다. 특히 학교에서는 더더욱 그렇다. 이럴 때 보통 ADHD 아동은 이런저런 상상을 시작하며, 혼자만의 재미있는 세계에 빠져든다. 그러나 이들은 너무 상상에 몰두한 나머지 갑자기 쉬는 시간을 알리는 종이 울리면 당황한다. 머릿속의 상상은 끊임없이 쏟아져 나와 이들이 현실로 돌아가는 것을 방해한다. 또는 운동장에서 신나게 축구를 하던 중, 수업 종이 울려 교실에 돌아가야 할 때도 마찬가지다. 이들은 교실에 돌아가서도 축구에 대한 생각이 머리에서 떠나질 않아, 수업에 집중하지 못한다.

때로는 쏟아지는 생각을 멈추고 새로운 활동에 집중해야 할 때가 있다. 이번 활동에서는 갑자기 새로운 활동을 해야 할 때 잘 집중할 수 있는 방법에 대해 배워 보자. 닻을 바닷속에 던지면, 배가 그 자리에서 움직이는 것을 막아 준다. 마찬가지로 머릿속에 닻을 내리면, 내가 집중해야 할 활동에서 벗어나는 것을 막아 준다. 아래는 머릿속에 닻을 내려 쏟아지는 생각을 멈추는 방법이다.

1. 두 발을 땅에 붙인다. 발을 가만히 땅에 붙이고 있는 것이 힘들다면, 발 위에 책을 올려도 된다.
2. 크게 세 번 심호흡을 한다. 내가 숨 쉬는 소리에 집중한다.
3. 다시 선생님이 하는 말에 집중한다. 이전보다 훨씬 마음이 차분해지고, 집중하기 쉬워졌을 것이다.

활동 3

짧은 휴식 취하기

집중력이 떨어질 때, 5~10분 정도 짧은 휴식을 취하면 좋다. 그러면 새로워진 기분으로 다시 집중할 수 있다. 예를 들어, 숙제를 하다가 지쳤을 때 무엇을 하면 좋을까?

집중력이 떨어졌을 때, 어떤 활동을 하면 다시 집중할 수 있을까? 자신에게 도움이 될 것 같은 활동에 동그라미 쳐라.

그림에 색을 칠한다.	주변을 정돈한다.	지점토로 뭔가 만든다.	잠깐 세수를 한다.
음악을 듣는다.	껌을 씹는다.	책을 읽는다.	스마트폰을 한다.
내일 입을 옷을 골라본다.	물을 마신다.	춤을 춘다.	컴퓨터를 한다.
그림을 그린다.	앞구르기를 한다.	시를 쓴다.	뜨개질을 한다.
잠깐 걷는다.	창밖을 구경한다.	친구와 말한다.	인형을 가지고 논다.
공놀이를 한다.	잠깐 누워서 쉰다.	팔벌려뛰기를 한다.	이불 속으로 들어간다.
풍선을 분다.	간단한 게임을 한다.	스트레칭을 한다.	어깨를 주무른다.

활동 4

비상 매뉴얼 만들기

2만 시간 이상 비행기를 조종한 경험이 있는 베테랑 파일럿이 있었다. 어느 날, 그가 조종하던 비행기가 운항 중에 위험한 상태에 빠졌고, 긴급히 착륙할 필요가 있었다. 그는 우선 항공관제탑에 연락한 뒤, 비상 매뉴얼을 보고 자신이 해야 할 일을 확인했다. 다행히 긴급착륙에 성공하여 아무런 부상자도 없이 끝날 수 있었다. 그는 경험이 풍부한 파일럿이었지만, 비상 매뉴얼을 확인하여 해야 할 일을 빠짐없이 순서대로 처리할 수 있었다.

흥분하거나 당황하면 평상시처럼 판단을 내리기 힘들다. 이럴 때, 자신이 할 일을 적어 놓은 비상 매뉴얼이 있으면 내가 해야 할 일을 명확히 알 수 있을 것이다. 집중력을 되찾기 위한 비상 매뉴얼을 만들어 보자.

준비물
- 작은 종이 2장
- 필기도구

자신의 집중력 향상에 도움이 되는 간단한 활동을 다섯 가지 적어라. 심호흡하기, 손에 힘을 빼기 등은 좋은 예이다. 지난 활동을 참고해도 좋다. 학교에서 할 수 있는 활동과 집에서 할 수 있는 활동에는 차이가 있을 것이다. 한 장은 학교용으로 만들어 책상에 넣어 두고, 나머지 한 장은 가정용으로 만들어 쉽게 찾을 수 있는 곳에 두어라. 필요한 상황이 되면 이 매뉴얼을 사용한다.

> **집중이 잘 되는 장소를 찾아라.**
>
> 사람에 따라 조용한 곳에서 집중이 잘 되는 사람도 있고, 어느 정도 소음이 있어야 집중이 잘 되는 사람이 있다. 자신은 어떠한 환경에서 집중이 잘 되는지 생각해 보자. 추가로, 자신이 어떤 자세일 때 집중이 잘 되는지도 알아보는 것도 좋다.

과집중(HYPERFOCUS)이란?

많은 사람들은 ADHD 아동은 모든 일에 집중력이 떨어진다고 생각한다. 그러나 이는 사실이 아니다. ADHD 아동은 가끔 자신이 관심 있는 특정한 분야에는 엄청난 집중력을 보인다. 이것을 과집중이라 부른다. 이들은 너무 집중한 나머지 하던 행동을 멈추지 못한다. ADHD 아동이 교실에 앉아 있는 것은 힘들어하지만, 앉아서 몇 시간이고 게임을 할 수 있는 이유는 이것 때문이다.

활동 5

숙제 보상 항아리

가끔 숙제하기 싫을 때가 있다. 그러나 숙제를 하는 것에 보상이 따른다면, 이전보다 숙제하기가 훨씬 재밌어질 것이다.

준비물
- 유리병, 동전, 돌멩이 등 병을 채울 수 있는 것, 마스킹 테이프, 마커

유리병을 세로로 삼등분하여 마스킹 테이프를 붙인다. 마스킹 테이프에는 내가 원하는 보상을 적는다. 숙제를 할 때마다 유리병에 물건(동전 등)을 하나씩 넣는다. 채운 물건이 마스킹 테이프에 다다르면 보상을 받을 수 있다. 내가 받고 싶은 보상을 생각해 보자. 물론 부모님께 여쭈어 허락을 받아야 한다.

활동 6

내 집중력에 도움이 되는 것은?

나의 집중력에 도움이 되는 것과 방해가 되는 것은 각각 무엇일까? 내일까지 끝내야 하는 숙제가 있다고 생각해 보자. 아래의 활동 중 어떤 것이 숙제를 하는 데 도움이 되는가?

나에게 도움이 되는 것에는 O표시를, 방해되는 것에는 X를 하라.

배고픔	앉아 있기	간식
타이머 사용하기	서 있기	숙제 전에 잠깐 산책하기
음악 듣기	스마트폰 전원 끄기	물 마시기
다른 사람과 함께 있기	책상 정리하기	창문과 문 꼭 닫기

축하합니다!

ADHD 아동은 집중하는 것을 어려워한다. 그러나 방법만 알면, ADHD 아동도 집중력을 유지할 수 있다. 그 방법은 다음과 같다.

- 내가 언제 집중력이 떨어지는지 안다.
- 머릿속에 닻을 내려 쏟아지는 생각을 멈춘다.
- 집중력이 떨어질 때는 잠깐 다른 활동을 해본다.
- 긴급 매뉴얼을 만들어, 집중력이 떨어질 때 읽는다.
- 내 집중력에 도움이 되는 것과 방해가 되는 것이 무엇인지 안다.
- 과제를 수행했을 때 적절한 보상을 받는다.

5장
자기 조절, 충동 조절, 좋은 결정 내리기

자기 조절이라는 단어를 들으면 어떤 생각이 드는가? 가만히 초원에 앉아 요가 하는 모습이 떠오르는가? 아니면 조용히 의자에 앉아 있는 모습이 떠오르는가?

충동 조절은 무슨 뜻일까? 아무리 화가 나도 사람들에게 소리를 지르지 않는 것일까? 아니면 어른이 하지 말라고 하는 행동을 안 하는 것인가?

좋은 결정을 내린다는 것은 무슨 말인가? 게임을 안 하고 숙제를 하는 것? 간식으로 과자 대신에 과일을 먹는 것을 의미하는 것일까?

자기 조절이나 충동 조절, 좋은 결정 내리기는 쉽고 재미있는 것은 아니다. 그러나 이것들을 배우면 전보다 훨씬 혼날 일이 적어질 것이다. 자기 조절, 충동 조절, 좋은 결정 내리기의 의미와 그 방법을 배워 보자.

자기 행동에 책임지기

• 자기 조절

ADHD 아동은 때때로 자기감정이나 행동을 제어하지 못한다. 이를 보고 자기 조절이 잘 되지 않는다고 말한다. 제1장에서 언급했듯이, ADHD 아동의 뇌와 보통 아동의 뇌는 조금 다르다. ADHD 아동의 뇌에서는 시도 때도 없이 다양한 아이디어가 쏟아져 나오며, 엄청난 상상력이 나타난다. 그리고 바로 이 때문에 ADHD 아동은 자기감정과 행동을 제어하는 것에 문제를 겪는 것이다.

• 충동 조절

하면 안 될 행동이라는 것을 알면서도, 그것을 하고 싶은 강한 충동을 느낀 경험이 있는가? 이러한 충동을 조절하는 것이 충동 조절이다.

• 좋은 결정 내리기

이것은 말 그대로 좋은 결정을 내리는 것이다. 여기서 좋은 결정이란 자신에게 좋으며 긍정적인 결과를 가져오는 선택을 하는 것이다. 시험 전에 공부하는 것은 좋은 결정이다. 공부함으로써, 좋은 성적이라는 긍정적인 결과를 가져올 것이기 때문이다.

활동 1

결정 주사위

초등학교 2학년인 성찬이는 기분이 안 좋았다. 엄마는 성찬이에게 왜 기분이 안 좋냐고 물어보았고, 성찬이는 자신이 '나쁜' 결정을 해서 그렇다고 대답하였다.

"나쁜 결정? 그게 무슨 말이니?" 엄마가 물었다.

"편의점에서 과자를 하나 훔쳤는데, 걸렸어요." 성찬이가 대답했다.

"그래서 기분이 어땠니?" 엄마가 물었다.

"엄청나게 안 좋았어요. 그리고 창피했어요. 하면 안 된다는 건 알았는데, 과자가 진짜 먹고 싶었어요. 과자는 다시 돌려줬지만요."

"그럼 앞으로 같은 일이 있으면 그때는 어떻게 할 거니?" 엄마가 물었다.

성찬이는 잠시 고민한 뒤 말하기 시작했다. "음. 일단 엄마한테 내 용돈으로 과자를 사도 되냐고 물어볼게요."

"그래. 그게 좋은 선택인 것 같구나."

엄마는 마지막으로 만일 갖고 싶은 것이 생겼는데, 조금 기다려야 할 때는 어떻게 할 것이냐고 물었다.

"기다릴 수 있어요." 성찬이가 대답했다.

"그래. 잘 생각했어." 엄마가 말했다.

"다른 거 하면서 기다릴래요." 성찬이가 덧붙였다.

"그거 정말 멋지구나! 뭘 하면서 기다릴 건데?" 엄마가 물었다.

"동생이랑 놀거나 방 청소를 하거나 아니면 강아지 산책시키려고요." 성찬이가 대답했다.

"정말 좋은 생각이구나." 엄마가 말했다.

성찬이는 처음에는 나쁜 결정을 내렸지만 이후 같은 상황에 부닥쳤을 때 어떻게 하면 좋은 결정을 내릴 수 있는지 알아냈다. 만일 나쁜 결정을 내렸다고 하더라도, 이를 반성하며 다음에 어떻게 하면 좋은 결정을 내릴 수 있을지 생각하면 된다. 성찬이는 또한 원하는 것을 기다려야만 할 때는 어떻게 하면 좋을지에 대해서도 생각했다. 이를 토대로, 성찬이는 미래에 비슷한 상황이 있었을 때 좋은 결정을 할 수 있을 것이다. 어떻게 하면 자신이 내릴 결정이 좋은 것인지 나쁜 것인지 알 수 있을까? 결정 주사위를 통해 이를 배워 보자.

준비물
- 주사위 한 개, 종이 한 장, 필기도구

게임의 목적
좋은 결정과 나쁜 결정을 잘 구분할 수 있게 되는 것

게임 방법
주사위를 굴린다.

1이 나왔을 때: 예전에 내가 했던 선택 중 똑똑하다고 생각하는 것을 떠올려 본다.

2가 나왔을 때: 과거에 내렸던 결정 중 현재였다면 다른 선택을 하고 싶은 것에 대해 생각해 본다.

3이 나왔을 때: 다른 사람이 내린 결정 중에 좋은 결정이라고 생각했던 것을 떠올려 본다.

4가 나왔을 때: 나는 내 결정이 좋은지 나쁜지 어떻게 판별하는가? 안전한 결정이 좋은 결정인가? 착한 결정이 좋은 결정인가? 아니면 똑똑한 결정이 좋은 결정인가?

5가 나왔을 때: TV나 영화에서 본 선택 중 옳았다고 생각하는 것을 떠올린다.

6이 나왔을 때: 어떤 사람이 뭔가에 관해 결정을 내리는 이야기를 만든다. 좋은 결정을 내리는 이야기도 괜찮고, 나쁜 결정을 내리는 이야기도 괜찮다. 이야기를 완성한 후 부모님이나 다른 가족에게 보여 준다.

실수에서 배운다

사람들은 항상 좋은 결정을 내리고 싶어 하지만, 현실적으로 이것은 가능하지 않다. 살면서 하는 모든 결정이 모두 옳거나 좋을 수는 없는 것이다. 그러나 만약 나쁜 선택을 했다고 하더라도, 이에 대해서 그냥 후회하기만 하는 것보다는 앞으로 같은 상황에 부닥쳤을 때는 어떻게 할 것인지 생각해 보는 것은 매우 큰 도움이 된다. 사람은 실수에서 배울 수 있다.

활동 2

감정 빙고

많은 아이들은 자신의 감정을 조절할 수 있다는 것을 모른다. 그러나 이것은 의외로 간단하다. 자기 몸과 마음에 대해 잘 알면 자기감정을 조절할 수 있다. 이번 활동을 통해 우리가 느끼는 여러 가지 감정을 배워 보자.

준비물
- 종이 한 장, 필기도구

게임 방법
1. 눈을 감고 빙고 보드의 숫자를 하나 고른다.
2. 표에서 숫자에 해당하는 감정을 찾는다.
3. 가장 최근에 그 감정을 느꼈을 때를 떠올려라. 종이에 그때의 감정에 대해 한 문장을 적는다.
4. 다 적은 후에는 해당하는 숫자에 O 표시를 한다.
5. 빙고가 나올 때까지 다시 반복한다.

예를 들어, 눈을 감고 고른 숫자가 6이었다고 생각해 보자. 표에서 6에 해당하는 감정은 분노이다. 최근에 화났을 때를 생각해 본다. "저번 주에 맥도날드에 갔는데, 내가 원하는 해피밀 장난감이 품절되어서 화났었다."와 같은 식으로 적을 수 있다

빙고 보드

2	7	13	1	9
19	14	4	5	16
21	23	18	6	8
17	12	24	11	10
22	20	15	25	3

표

1. 실망
2. 슬픔
3. 불확실함
4. 자신감
5. 창피함
6. 분노
7. 놀람
8. 기쁨
9. 부끄러움
10. 죄책감
11. 피곤함
12. 불안함
13. 의욕
14. 흥분
15. 확고함
16. 질투
17. 친밀감
18. 차분함, 침착함
19. 당황함
20. 외로움
21. 우울함
22. 충격 받음
23. 속상함
24. 귀찮음
25. 지루함

활동 3

긍정 경찰 되기

사람들은 부정적인 생각을 할 때, 자기 생각이 부정적이라는 사실을 항상 자각하고 있는 것은 아니다. 그러나 이를 의식하면 자기 생각을 조절할 수 있다. 부정적인 생각이 폭주하기 전에 미리 막는 것이다. 지금부터 자신을 '긍정 경찰'이라고 생각하자. 우리의 임무는 부정적인 생각이 돌아다니면 이를 잡고, 긍정적인 생각으로 바꾸어 주는 것이다. 아래에 몇 가지 예시가 적혀 있다. 빈칸에는 내가 평소에 가지고 있었던 부정적인 생각을 적고, 그것을 긍정적으로 바꾸어 보자.

부정적인 생각	긍정적인 생각
난 학교생활을 잘하지 못한다.	저번 수학 시험에서 80점을 맞았다.
나를 좋아하는 사람은 아무도 없다.	수빈이가 오늘 같이 점심을 먹자고 했다.
형이 자꾸 나한테 못되게 군다.	형이 얼마 전에 아이스크림을 사줬다.

평소에도 긍정 경찰이 되어 보자. 부정적인 생각이 떠올랐을 때, 이것이 더 커지기 전에 미리 잡고 긍정적인 새로운 생각으로 바꾸는 습관을 길러 보자.

활동 4

당황했을 때도 좋은 선택을 할 수 있다

어느 날, 찬선이가 TV를 보고 있을 때의 일이었다. 찬선이의 형이 갑자기 찬선이 손에 있는 리모컨을 빼앗았다. 당황한 찬선이는 형의 등을 때리며 소리를 질렀다. 찬선이도 이러한 반응이 옳지 않다는 것은 알았다. 그러나 그 순간에는 너무 당황하여 어떻게 하면 좋을지 몰랐다. 사람은 당황하거나 화났을 때 등 침착하지 못한 상태일 때는 좋은 선택을 하기 어렵다. 아래의 활동을 통해 침착하지 못한 상태일 때 어떻게 하면 좋은 선택을 할 수 있는지 알아보자.

준비물
- 연필, 펜과 같이 긴 막대기

게임 방법

1. 연필을 게임 보드 위에 두고 회전시킨다.
2. 연필이 가리키는 활동을 한다.
3. 이 활동이 나를 침착하게 만들었는지 생각해 본다. 예를 들어, 만약 '10까지 세기'를 했다면 나중에 당황했을 때 10까지 세는 것이 도움이 될지 생각해 본다.
4. 어떤 활동이 나에게 가장 도움이 되는지 알아보고 다음에 침착해야 할 일이 있을 때 사용한다.

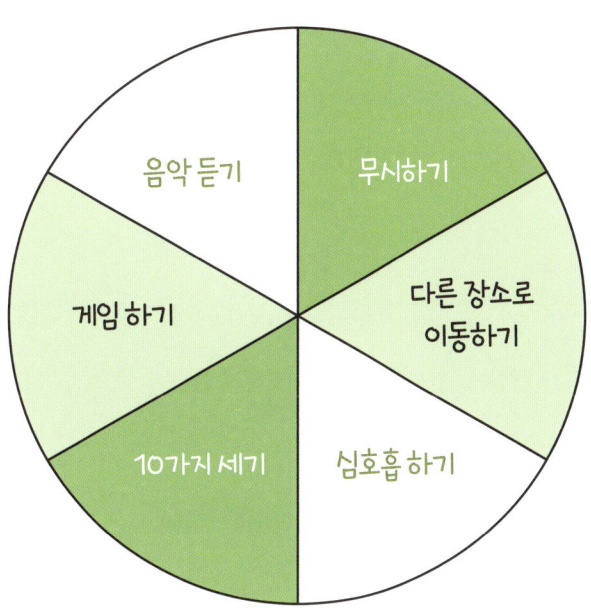

활동 5

다시 선택하기

내가 과거에 했던 선택 중 바꾸고 싶은 일을 생각해 보라. 예를 들어, 친구에게 물어보지 않고 멋대로 물건을 쓴 일이라거나 남의 숙제를 베낀 일이 있었다면 현재라면 어떤 선택을 하겠는가? 자신의 선택이 다른 사람에게 어떤 영향을 미쳤었는지, 현재라면 어떤 선택을 할 것인지 생각해 보자. 과거의 행동을 뒤돌아봄으로써, 미래에는 더 나은 선택을 할 수 있다.

나의 과거의 선택

왜 이런 선택을 했었는가?

그 결과 어떤 일이 벌어졌는가?

지금이라면 어떤 선택을 할 수 있겠는가?

정지 버튼 누르기

화가 나거나 놀라면 얼떨결에 좋지 않은 선택을 하는 경우가 많다. 특히 순간적으로 바로 반응을 하게 되는 경우에는 더욱 그렇다. 놀란 상태에서 반응을 늦출 수 있는 방법 중 하나는 뇌의 정지 버튼을 누르는 것이다. 다시 말하면, 잠깐 쉰다는 것이다. 심호흡을 몇 번 하고 반응하기 전에 잠깐 멈춰서 생각해 보라. 결정을 내릴 때도 마찬가지다. 바로 해답이 나오지 않아도 괜찮다. 그럴 때는 언제든 상대방에게 "생각 좀 해 볼게."라고 말하면 된다.

충동 신호등

무언가를 결정할 때는 침착한 상태에서 해야 한다. 이때를 빨간불이라고 생각하자. 즉, 이때는 멈춰 서서 어떤 결정을 내릴지 생각해 보는 시간이다. 그다음에는 노란불의 차례이다. 지금 자신이 느끼는 충동이 괜찮은 것인지 생각해 본다. 이제 파란불의 차례이다. 괜찮은 충동이라면 해도 괜찮지만, 그렇지 않다면 하지 않는다.

활동 6

3인칭화하기

세서미 스트리트의 엘모는 자기 자신을 3인칭화하여 말한다. 즉, "엘모는 아이스크림을 좋아해." "엘모는 놀고 싶어!"와 같은 표현을 사용한다. 이러한 엘모의 화법이 이상하게 보일지도 모르겠지만, 연구 결과에 따르면 사람들은 자신을 3인칭화함으로써 자극을 받고 의욕이 생길 수 있다고 한다. 무언가 걱정하는 일이 있다면, 자기 자신을 이름으로 부르고, 긍정적인 말을 해 보자. 예를 들어, 이름이 희조라면 "희조야, 넌 할 수 있어!"와 같은 말을 할 수 있다. 화가 나서 자신을 진정시키고 싶을 때는 "희조야, 괜찮아. 심호흡 몇 번만 해 보자."와 같은 말을 해 보자.

방법

    1. 현재 나의 기분을 살펴본다. 나는 현재 슬픈가? 무언가에 대해 걱정하고 있는가?

    2. 자기 이름을 크게 부르고, 기분이 나아질 만한 긍정적인 말을 해 보자.

자기 이름을 부르는 것이 조금 창피할 수도 있지만, 이 방법은 정말로 효과가 있다. 가장 중요한 것은 자신에게 긍정적인 말을 해야 한다는 것이다.

날 침착하게 만드는 행동은?

사람마다 화가 났을 때 취하는 행동은 다르다. 어떤 사람은 조용한 곳에서 있고 싶어 하고, 또 어떤 사람은 베개를 있는 힘껏 치기도 한다. 잠깐 나가서 바람을 쐬고 오고 싶어 하는 사람도 있다. 이들은 이러한 행동을 함으로써 화난 마음을 다스린다. 나에게 가장 효과가 있는 방법은 무엇일지 알아보자.

활동 7

제어 센터

인간이 통제할 수 있는 것이 있고 그렇지 않은 것이 있다. 예를 들어, 공원으로 산책을 가려고 했는데 비가 온다고 생각해 보자. 인간은 비가 내리지 않게 할 수 없다. 다시 말해, 날씨는 통제할 수 없는 것이다. 다른 예로, 누군가가 나에게 기분 나쁜 말을 했다고 생각해 보자. 이때 나는 상대방에게 어떻게 반응할 것인지 선택할 수 있다. 나의 행동은 통제할 수 있는 것이다. 나는 상대방을 무시하는 선택을 할 수도 있고 상대방에게 내 기분을 알리는 선택을 할 수도 있다.

통제할 수 있는 것과 그렇지 않은 것을 구별하는 방법은 다음과 같다.

1. 원의 안쪽에는 내가 통제할 수 있는 것을 적는다.
2. 원의 바깥쪽에는 내가 통제할 수 없는 것을 적는다.
3. 내가 통제할 수 있는 것을 훑어보자. 이것들을 어떻게 하면 긍정적으로 통제할 수 있을까?
4. 내가 통제할 수 없는 것을 훑어보자. 이것들에 대해 긍정적으로 반응하는 방법은 무엇인가?

다른 사람의 실수
친구의 의견

내 행동
내가 누구랑 놀이 정하는 것

축하합니다!

자기 조절과 충동 조절, 좋은 결정을 하는 방법은 쉽게 익힐 수 있는 것은 아니다. 그러나 열심히 노력한다면 충분히 익힐 수 있는 것들이다. 아래는 이번 장의 활동을 정리한 것이다.

- 과거에 안 좋은 결정을 내렸더라도, 이를 뒤돌아봄으로써 미래에는 더 좋은 선택을 할 수 있다.
- 자기 몸과 감정에 대해서 잘 알면, 자기감정을 조절할 수 있다.
- 부정적인 생각을 긍정적인 생각으로 바꿀 수 있다.
- 당황했을 때도 침착해지는 방법을 알면 좋은 선택을 할 수 있다.
- 나의 감정과 행동을 통제할 수 있다.

제3부

일상생활, 학교생활 잘하는 법

제3부에서는 ADHD와 함께 살아가는 방법을 배울 것이다. 일상 습관, 버릇, 학교 준비, 의사소통 등 우리의 실제 '행동'을 바꾸어 보자.

우리는 지금까지의 활동을 통하여 자신의 장점과 개선해야 할 점, 자신에게 ADHD가 미치는 영향, 감정과 생각을 조절하는 방법을 배웠다. 이제는 이 방법들을 실제 생활에 적용하는 방법을 알아볼 것이다.

6장

습관 바꾸기

좋은 습관은 산만함을 바로 잡아 주는 역할을 한다. 그렇기에, 습관을 바꾸는 것은 ADHD에 큰 도움이 된다. 먼저, 좋은 습관이 몸에 배게 할 필요가 있다. 63빌딩처럼 아주 높은 건물을 생각해 보자. 건물의 토대가 바로 잡혀 있지 않다면, 이 건물은 무너지기 쉬울 것이다. 마찬가지로 우리도 좋은 습관을 토대 삼아 일상생활에서 우리가 무너지지 않도록 해야 한다. 좋은 습관을 들이는 것은 성공으로 향하는 첫 번째 발걸음이다.

활동 1

저녁에 미리 준비하기

매일 아침 학교 갈 준비를 하느라 정신없이 바쁘다면 이번 활동이 도움이 될 것이다. 아침에 할 일을 전날 저녁에 미리 해 놓는다면, 아침에 조금 여유가 생긴다. 현재 내가 아침에 해야 하는 일 중 저녁에 미리 준비할 수 있는 것은 없는지 생각해 보자. 아래는 몇 가지 예시이다.

저녁에 미리 준비할 수 있는 것
- 다음 날 입을 옷 미리 꺼내 놓기
- 책가방 싸 놓기(준비물과 숙제를 챙기는 것을 잊지 말자.)

저녁에 미리 준비할 수 있는 것은 또 어떤 것이 있을까?

이 페이지를 복사하여 침대 옆이나 책상에 두고, 자기 전에 할 일을 다 하였는지 확인하는 용도로 사용한다. 전날 저녁에 미리 준비해 놓음으로써 아침에 스트레스를 덜 받을 수 있다.

활동 2

아침 지도

아침에 할 일을 어느 정도 저녁에 미리 준비해 둘 수는 있지만, 여전히 아침에 해야 할 일은 남아 있을 것이다. 그러나 아침에는 너무 정신없고 산만하여 자신이 무슨 일을 해야 하는지조차 기억이 안 나는 경우가 많다. 이번 활동에서는 '아침 지도'를 만들어 내가 아침에 할 일을 잊지 않는 방법을 배워 보자.

아래의 그림을 복사한 후, 내가 아침에 해야 할 일을 나타내는 그림을 오려 '나의 아침 지도'에 붙인다. 알맞은 그림이 없다면 직접 그려도 된다. 할 일의 순서를 생각하며 붙이도록 한다.

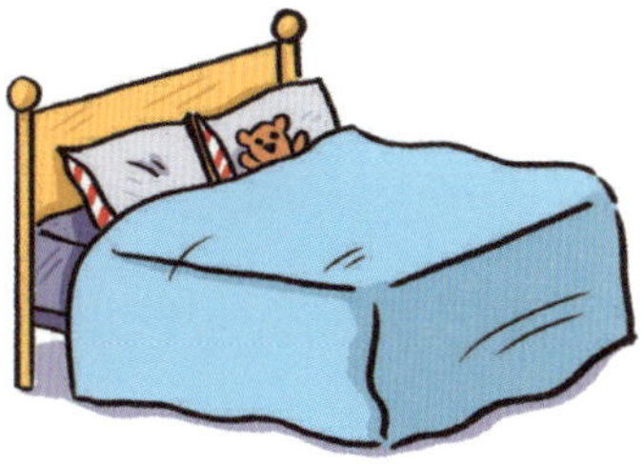

나의 아침 지도

완성한 '나의 아침 지도'를 아침에 자주 보는 장소에 붙인다.

활동 3

메모하기

지금까지 아침에 할 일과 저녁에 할 일을 잊어버리지 않는 방법을 배웠다. 이번 활동에서는 일상생활에서 해야 할 일을 잊어버리지 않는 방법을 배워 보자.

　아래의 표에는 할 일을 잘 기억할 수 있는 방법이 몇 가지 적혀져 있다. 이 중에서 자신에게 효과가 있을 것 같은 방법에 형광펜으로 표시하라. 빈칸에는 자신에게 효과가 있을 것 같은 다른 방법을 생각하여 적어본다.

거울에 내가 할 일을 적은 포스트잇을 붙인다.	내가 해야 할 일을 손에 적는다.	알람을 맞춘다.	챙겨야 할 물건을 방문 옆에 둔다.
언제 무슨 일을 할지 정해 놓는다. (예: 저녁 8시에 숙제하기)	달력에 적는다.	노래를 만든다.	체크리스트를 만든다.
녹음기를 이용한다.	비상 매뉴얼을 이용한다.	숙제 위에 제출 날짜를 적는다.	표를 만든다.

단축키 쓰기

학교에 가기 전에, 그리고 집에 돌아왔을 때 다음과 같이 외쳐보자. 내가 해야 할 일을 쉽게 기억할 수 있을 것이다.

학교가기 전에: *아이숙!*

아 = 아침밥

이 = 이닦기

숙 = 숙제

집에 왔을 때: *청숙이!*

청 = 청소

숙 = 숙제

이 = 이닦기

활동 4

연상하여 외우기

한 웨딩 플래너는 그날그날 결혼식에 온 하객들의 이름을 모두 외울 수 있었다. 어떻게 하면 200명 가까이 되는 사람들의 이름을 외울 수 있을까? 사람들은 웨딩 플래너에게 그 비법을 물었다. 웨딩 플래너는 우선 외우려는 사람의 이름을 크게 말해 본 후 그 사람을 연상시키는 것을 생각해 본다고 말했다. 예를 들어, 얼마 전 그는 가슴에 별 모양의 브로치를 단 손님을 본 적이 있다고 한다. 옷에 붙은 별은 그에게 장군을 연상시켰다. 웨딩 플래너는 그 손님이 군복을 입고 별 배지를 단 모습을 상상하며, 그를 '김성민 장군'이라고 기억하기로 했다. 이 웨딩 플래너는 손님마다 연상되는 특징을 마음속으로 그려 봄으로써 그들의 이름을 쉽게 기억할 수 있었다.

　이 방법은 일상생활에서도 사용할 수 있다. 예를 들어, 수요일까지 학교에 소풍비를 내야 한다고 생각해 보자. 이때 머릿속으로 만 원짜리 지폐가 '수요일'이라는 단어 위에 얹어져 있다고 생각해 본다면, 훨씬 더 쉽게 기억할 수 있을 것이다.

아래의 상황을 기억해야 한다고 생각해 보자. 머릿속으로 어떤 상상을 하면 이를 더 쉽게 기억할 수 있을까? 예시를 읽고, 나만의 독창적인 아이디어를 써 보자.

1. 금요일에 있을 과학 시험

예시: 플라스크에서 '금요일'이라는 연기가 뿜어져 나오는 모습을 상상한다.

----

2. 합창 대회 연습

예시: '연습'이라는 글씨가 음표로 이루어져 있는 모습을 상상한다.

----

3. 월요일 아침에 강아지 산책시키기

예시: 강아지 산책줄에 '월요일'이라는 글씨가 붙어 있는 모습을 상상한다.

활동 5

긴장 풀기

하루 종일 정신없이 바쁘게 보낸 날에는 평소보다 더 잠자리에 드는 것이 힘들다. 몸이 들뜨거나 흥분된 상태에서는 쉽게 잠이 오지 않기 때문이다. 잠자기 전에 몸에 힘을 빼고 긴장을 풀어 주면 더욱 잠들기 쉬운 상태가 된다. 아래의 지문을 자기 전에 직접 읽거나, 어른에게 읽어달라고 부탁하자.

1. 침대 위에 눕고 눈을 감는다. 몸이 바다 위에 떠 있다고 상상하며, 느긋하게 온몸의 체중을 느낀다. 나의 걱정거리는 바다에 떠내려간다. 나는 아주 편안하고, 평화롭다.

2. 나의 발은 바닷물 속에 있다. 발가락 사이로 부드러운 바닷물이 느껴진다. 발의 모든 근육과 뼈의 긴장감이 풀어진 것을 느낀다. 나의 발은 점점 더 바다 밑으로 가라앉는다. 몇 번 심호흡을 한다.

3. 발목에 주목한다. 발목을 통해 나의 모든 스트레스가 빠져나간다. 발목에 힘이 빠지고 나른함이 느껴진다. 숨을 천천히 들이쉬고 내뱉는다.

4. 이제 종아리와 무릎으로 올라온다. 내가 가진 잡생각들은 무릎을 통해 모두 빠져나간다. 무릎은 점점 더 물속으로 가라앉는다.

5. 이번에는 엉덩이이다. 다른 부위와 마찬가지로, 엉덩이도 물속에서 무겁게 느껴진다. 모든 것이 편안하다.

6. 다음에는 손에 주목한다. 나의 손가락 하나하나로부터 내가 가진 모든 고민이 빠져나간다. 심호흡을 몇 번 한다. 나의 손은 물속에서 무겁게 느껴진다.

7. 팔부터 어깨까지 올라온다. 어깨와 함께 가슴과 배에도 점점 물의 무게가 느껴진다. 모든 스트레스와 긴장을 내뱉어라. 모든 것은 점점 더 자유로워지며 평화롭다.

8. 이제 목으로 왔다. 목에 있는 모든 근육의 긴장을 풀고, 느슨하게 만든다. 호흡이 점점 느려지는 것이 느껴진다. 내가 얼마나 안정되었는지 느껴 본다.

9. 얼굴로 올라온다. 턱 근육의 긴장을 풀어라. 근육 속의 긴장은 모두 바닷물과 함께 떠내려간다. 눈꺼풀이 무겁고 피곤한 것이 느껴진다. 마지막으로 머릿속에 있는 모든 긴장을 풀어라. 천천히 숨을 내뱉는다. 이제 나는 완전히 편안하고 안정된 상태이다.

긴장을 풀어 주는 호흡법

아래의 호흡법은 스트레스 받을 때나 잠이 오지 않을 때뿐만 아니라, 긴장을 풀고 싶을 때는 언제든 사용할 수 있는 간단한 방법이다.

1. 우선 숨을 크게 내쉬는 것부터 시작한다.
2. 5초 동안 천천히 숨을 들이쉰다.
3. 5초 동안 숨을 참는다.
4. 5초 동안 천천히 숨을 내쉰다.
5. 필요한 만큼 반복한다.

서당 개 삼 년이면 풍월을 읊는다

새로운 기술이나 습관에 익숙해지려면 21일이 걸린다고 한다. 당장 새로운 습관에 익숙해지지 못했다고 좌절하지 말자. '서당 개 삼 년이면 풍월을 읊는다.'라는 말이 있다. 아무리 지식과 경험이 없는 일이라도, 오래 보고 들으면 할 줄 알게 된다는 뜻이다. 인내심을 가지고 연습하면 못할 일은 없다.

7장

친구 관계와 의사소통

지금까지 우리는 자기 자신을 아는 방법에 대해 공부했다. 이번에는 다른 사람에 대해 공부해 보자. 다른 사람을 이해할 수 있으면, 의사소통이 더 쉬워지고, 어떤 말을 해야 하는지 알 수 있다. 물론 친구와 가족, 선생님 등 주변 사람과 더 잘 지낼 수 있게 된다.

다른 사람을 이해하려면, 먼저 그 사람의 감정을 헤아릴 줄 알아야 한다. 이 장에서는 다른 사람의 기분을 아는 방법과 다른 사람에게 좋은 친구가 되는 방법, 다른 사람에게 무언가 요청하는 방법을 배울 것이다.

활동 1

공감하기 l

다른 사람의 기분을 잘 파악하는 사람들이 있다. 우리는 이것을 보고 "공감능력이 있다." 또는 "다른 사람의 입장에서 생각할 줄 안다."라고 말한다. 공감능력이란 상대방의 입장에서 생각함으로써, 상대방의 상황과 기분을 상상할 수 있는 능력을 말한다. 어떤 사람과 친해질 수 있는 가장 좋은 방법은 그 사람의 기분을 아는 것이다. 상대방의 기분을 알면, 그 사람이 무엇을 원하는지 알 수 있다. 또한, 상대방에게 무슨 말을 하면 좋을지도 알 수 있다. 이번 활동에서는 공감능력을 활용하여, 상대방의 기분을 상상하는 방법을 배워 보자.

아래의 그림을 보고, 말풍선과 함께 그려진 사람이 어떤 기분을 느낄지 생각하여 써 보자.

활동 2

공감하기 Ⅱ

지난 활동에서 우리는 다른 사람의 기분을 상상하는 방법을 배웠다. 이번에는 말풍선과 함께 그려진 사람에게 우리가 어떤 말을 할 수 있을지 써 보자. 우리가 뭐라고 말하면 그 사람과 친해질 수 있을까?

활동 3

우정에 대한 오해와 진실

옳다고 생각하는 문장에는 참에, 옳지 않다고 생각하는 경우에는 거짓에 ○ 표시를 해라.

1. 상대방에게 좋은 친구가 되려면, 항상 상대방이 원하는 것을 해 주면 된다. **참 / 거짓**
2. 친구에게 소리를 질렀다면 사과하는 것이 좋다. **참 / 거짓**
3. 친구가 내가 하고 싶지 않은 것을 하자고 한다면, 나는 다른 것을 하고 싶다고 정중하게 말해도 된다. **참 / 거짓**
4. 친구에 대한 관심을 표현하기 위해 친구에게 무엇을 좋아하는지 물어봐도 괜찮다. **참 / 거짓**
5. 미소는 호의를 표현하는 하나의 방법이다. **참 / 거짓**
6. 내 물건을 굳이 다른 사람과 함께 쓸 필요는 없다. **참 / 거짓**
7. 다른 친구들이 놀고 있을 때 끼고 싶다면 언제든 같이 놀고 싶다고 말해도 된다. **참 / 거짓**
8. 내가 좀 못되게 굴었다고 해도 사람들은 여전히 나를 좋아할 것이다. **참 / 거짓**
9. 좋은 친구란 상대방을 존중할 줄 아는 사람이다. **참 / 거짓**
10. 대부분의 사람은 다른 사람에게 특별한 사람이 되고 싶어 한다. 그러므로 내 친구들에게 왜 그들이 나에게 특별한지 얘기하면 좋다. **참 / 거짓**

정답:
1. 거짓. 좋은 친구가 되는 방법은 상대방에게 친절하게 대하고, 존중을 보이는 것이다. 이는 상대가 하고 싶어 하는 것을 모두 따르라는 뜻은 아니다.
2. 참. 만약 친구에게 잘못한 일이 있다면, 사과하는 것은 언제나 가장 좋은 방법이다.
3. 참. 만약 다른 것이 하고 싶다면, 언제나 친구에게 물어볼 수 있다.
4. 참. 사람들은 자기가 좋아하는 것에 관해 얘기하는 것을 좋아한다.
5. 참.
6. 거짓. 자기 물건을 다른 사람과 함께 쓰는 것은 쉬운 일은 아니지만, 친구 사이에서는 서로 타협할 줄 알아야 한다.
7. 참. 다른 친구들은 내가 함께 놀고 싶어 한다는 사실을 모를 수도 있다.
8. 거짓. 사람들은 못되게 구는 사람을 좋아하지 않는다. 사람들은 친절하고, 타인을 존중할 줄 아는 사람을 좋아한다.
9. 참. 다른 사람의 신뢰를 얻기 위해서는 다른 사람을 존중할 줄 알아야 한다.
10. 참.

활동 4

세 개의 진실, 하나의 거짓

자기 기분을 다른 사람에게 알리기란 쉽지 않다. 우리는 심지어 자신이 무슨 기분인지조차 모를 때도 있고, 자신의 기분을 별로 말하고 싶지 않을 때도 있다. 초등학교 4학년인 은지는 엄마가 왜 불안하고 기분이 안 좋아 보이냐고 물어보자 부담감과 불편함을 느꼈다. 그러나 아래의 활동을 통해 은지는 재미있게 자신의 기분과 감정을 표현할 수 있게 되었다.

준비물
- 자신의 기분에 대한 세 가지 진실, 자신의 기분에 대한 한 가지 거짓

아래는 은지의 예시이다. 은지는 다음과 같은 세 가지 진실을 준비했다.
1. 오늘 과학 시간에 아무도 나와 짝이 되려 하지 않아서 슬펐다.
2. 내일 롯데월드를 가기로 해서 매우 신난다.
3. 광대를 보면 무섭고 불안하다.

다음은 은지가 만든 한 가지 거짓말이다. 거짓말은 자신이 만들고 싶은 대로 마음껏 만들면 된다.
4. 오늘 저녁 메뉴가 별로였다. 그래서 강아지한테 줬다.

세 가지 진실과 한 가지 거짓을 모두 준비했으면, 이를 친구나 부모님에게 보여 주고 무엇이 거짓말인 것 같은지 물어본다. 아마 사람들은 생각보다 정답을 잘 맞히지 못할 것이다. 하지만 그렇다고 해도 그들은 우리가 말한 진실한 감정을 이해하려 할 것이다. 이 방법을 통해 다른 사람들이 나의 기분을 이해하게 할 수 있다.(친구와 함께 이 활동을 하는 것도 좋다. 친구가 제시한 세 가지 진실과 한 가지 거짓을 들으면, 친구를 더 잘 이해할 수 있게 될 것이다.)

몸의 상태와 기분

무언가를 결정하기 전이나 행동하기 전에는 먼저 생각을 해 보아야 한다. 이를 위해서는 우선 자신의 몸의 상태를 알고 있을 필요가 있다. 어깨가 뻐근하다면, 화가 났거나 실망감을 느꼈다는 신호일지도 모른다. 심장이 두근두근 뛴다면, 긴장했다는 뜻일지도 모른다. 자기 몸을 잘 관찰하고, 어떤 상태인지 알 수 있다면, 더 좋은 결정을 내릴 수 있다.

활동 5

정중한 말투와 불손한 말투

정중한 말투는 상대방에게 자신이 원하는 것을 공손하고 친절하게 얘기하는 것이다. 반면, 불순한 말투는 무례하고 버릇없게 얘기하는 것을 말한다.

아래의 밑줄 친 문장이 정중한지 불손한지 알맞은 곳에 ○ 표시를 해라.

엄마: "재호야. 밥 다 먹었으면 그릇 좀 싱크대에 갖다 놓을래?"

재호: "싫어! 나 설거지 안 할 거야! 나한테 또 시키지 마!"

정중/불손

엄마: "재호야. 밥 다 먹었으면 그릇 좀 싱크대에 갖다 놓을래?"

재호: "네, 지금 할게요."

정중/불손

민서는 언니가 가지고 놀고 있는 장난감으로 놀고 싶었다. 민서는 언니에게 말했다.

"언니, 이제 내가 좀 가지고 놀면 안 될까?"

정중/불손

민서는 언니가 가지고 놀고 있는 장난감으로 놀고 싶었다. 민서는 언니에게 말했다.

"언니! 그거 가지고 많이 놀았잖아! 이제 내 차례야! 나 줘!"

정중/불손

지완이는 아이들이 운동장에서 피구를 하는 것을 보고, 같이 하고 싶었다. 지완이는 아이들에게 가서 말했다.

"안녕. 난 이지완이라고 해. 혹시 나도 피구 같이 해도 될까?"

정중/불손

지완이는 아이들이 운동장에서 피구를 하는 것을 보고, 같이 하고 싶었다. 지완이는 아이들에게 가서 말했다.

"나 피구 엄청 잘 해. 나도 피구 할래. 안 된다고 하면 선생님한테 이를 거야."

정중/불손

사람들은 어떤 말투를 더 좋아할까? 당연히 누구나 정중한 말투를 좋아한다. 화가 난 상황이라면 자신도 모르게 불손한 말투를 쓰게 될지도 모른다. 그러나 우리가 원하는 것을 얻으려면 결국 정중하게 말하는 편이 훨씬 더 도움이 된다.

활동 6

친절한 행동

윤지는 초등학교 6학년 때, 반에서 남자애들에게 놀림 받은 적이 있었다. 윤지는 너무 창피했고, 쥐구멍이라도 있다면 숨고 싶은 심정이었다. 그러나 그때 같은 반인 혜인이가 윤지에게 다가오더니 괜찮냐고 물어봤고, 등을 토닥여 주며 위로해 주었다. 윤지는 이제 어른이 되었지만, 아직도 이때의 친절을 기억하고 있다.

다른 사람에게 큰 도움을 받았거나, 위로를 받은 경험을 생각해 보자.

이번에는 내가 다른 사람을 기분 좋게 만드는 방법을 생각해 보자.

이 세상에 독심술사는 없다!

다른 사람의 마음속을 읽고 싶다고 생각해 본 적이 있는가? 그러나 안타깝게도 초능력자라도 되지 않는 이상, 다른 사람의 마음을 알고 싶으면 상대방에게 직접 듣는 수밖에 없다. 이는 다른 사람도 마찬가지다. 다른 사람들도 우리의 마음을 읽을 수 없으며, 자신이 원하는 것을 다른 사람이 알기 바란다면 직접 말하는 수밖에 없다.

활동 7

부탁하기

아래의 상황을 보고, 상대방에게 뭐라고 말하면 좋을지 선으로 이어 보자.

숙제 좀 도와주실 수 있나요?

나가서 같이 놀아도 되나요?

방금 말씀하신 내용을 혹시 다시 설명해 주실 수 있나요?

만들어줘서 고마워요. 그런데 저하고는 조금 안 맞는 것 같아요.

방이 너무 지저분해서 뭐부터 치워야 할지 모르겠어요. 치우는 것 좀 도와주실래요?

활동 8

샌드위치 화법

다른 사람에게 자기 기분을 말하기란 쉽지 않다. 이럴 때, '샌드위치 화법'을 사용해 보자. 먼저, 상대방을 칭찬하며 대화를 시작한다. 그 다음 자기 기분과 상대방에게 원하는 것을 이야기한다. 마지막으로, 호의적인 표현으로 대화를 마무리한다.

빵: 상대방을 칭찬하기.
햄: 자기 기분과 상대방에게 원하는 것 얘기하기.
빵: 호의적인 표현하기.

아래는 샌드위치 화법의 한 예시이다.

"정윤아, 나는 너랑 같은 축구 교실에 다녀서 정말 기뻐. 근데, 네가 '사람들은 아무도 날 안 좋아해.'라고 말하면 난 슬프고 마음이 안 좋아. 네가 나한테 좋은 일만 얘기해 줬으면 좋겠어. 난 너의 친구니까."

활동 9

남에게 친절해지자!

앞으로 일주일 동안, 매일 학교에서 친구를 도와 보자. 친구가 어떤 반응을 보였는지, 그리고 그로 인해 자신이 무엇을 느꼈는지 아래에 써 보자. 그리고 마지막 날, 자신이 쓴 글을 다시 읽고 되돌아보자.

축하합니다!

이번 장에서 우리는 공감능력에 대해서 배웠다. 이제 우리는 다른 사람의 입장에서 생각하고, 그 사람이 어떤 기분을 느꼈을지 알 수 있다. 상대방의 감정을 이해할 수 있으면, 상대방을 더욱 배려할 수 있다. 이번 장에서 우리는 다음을 배웠다.

- 다른 사람의 감정을 이해하고 관심을 가져야 하는 것이 중요한 이유
- 친구의 감정을 이해하는 사람이 되는 방법
- 예의 바르게 내가 원하는 것을 말하는 방법
- '샌드위치 화법'을 이용하여, 다른 사람에게 내가 원하는 것을 말하는 방법

이번 장의 내용은 특히 좋은 친구 관계를 만드는 데 큰 도움이 될 것이다.

8장

계획 세우기

계획이라는 말을 들으면 당황하는가? 당황할 것 없다. 이 장에서 계획을 더 쉽게 세우는 방법을 알아보자. 시간을 관리하는 방법을 배우면, 계획을 세울 때 당황할 필요가 없다. 표와 퍼즐을 이용하여, 사물을 평소와는 다르게 보는 방법을 배워 보자. 어떤 일을 먼저 해야 하고, 어떤 일을 나중에 해도 되는지 알면 목표를 빠르게 달성할 수 있다.

활동 1

나는 어떤 유형의 학생인가?

자신이 어떤 유형의 학생인지 알고 있는가? 이번 활동에서는 자신이 '청각' '시각' '감각' 중 어떤 유형의 학생인지 알아볼 것이다. 자신의 유형을 알면 어떻게 하면 학교생활을 잘 할 수 있을지 알 수 있다.

청각 유형
- ☐ 선생님이 크게 설명해 주실 때 제일 이해가 잘 되는가?
- ☐ 맞춤법을 잘 아는가?
- ☐ 숙제를 하는 데 시간이 얼마나 걸릴지 미리 아는가?

시각 유형
- ☐ 그림이나 사진에 있는 정보를 잘 기억하는 편인가?
- ☐ 다른 사람이 하는 것을 보고 이해하는 편인가?
- ☐ 사람들을 나에게 상상력이 풍부하다고 하는가?

감각 유형
- ☐ 몸을 움직여 보고, 뭔가를 직접 만져 보면서 배우는 편인가?
- ☐ 바깥의 소음, 불빛 등에 민감한가?
- ☐ 가끔 시간이 가는 줄 모르고 몰두할 때가 있는가?

사람에 따라 두 가지 유형 이상의 특성을 모두 가지고 있을 수도 있으나, 그중 가장 두드러지는 유형이 있을 것이다. 청각 유형의 학생은 설명을 크게 읽어 보는 것이 도움이 된다. 또한 최대한 많이 듣는 기회를 가지는 것이 좋다. 시각 유형의 학생은 선생님께 시범을 보여 줄 수 있는지 물어보도록 한다. 또는 설명을 읽으며 필기하는 것도 도움이 된다. 감각 유형의 학생은 학습할 때 움직이거나, 물체를 직접 만져 보아도 되는지 미리 허락을 받으면 좋다.

활동 2

주간 숙제 계획표

이번 활동은 그다지 신나지 않아 보일 수도 있다. 그러나 이 활동을 통하여 우리는 숙제를 기억하는 법을 배우게 될 것이고, 이로 인해 선생님께 혼날 일이 없어질 것을 생각하면 꽤 신난다. 숙제를 하기 전에, 큰 틀을 짜는 것을 어려워하는 아이들이 많다. 다시 말해, 어떤 숙제를 언제까지 끝내야 하는지 종종 잊어버리는 것이다. 주간 숙제 계획표를 만들면 이것들을 잘 기억할 수 있다. 만드는 방법은 간단하다. 매주 월요일, 그 주에 해야 할 숙제를 적는다. 화요일까지 수학 교과서 40쪽부터 55쪽까지 풀어오는 것이 숙제라면, 화요일에 '교과서 40쪽부터 55쪽까지 풀기'라고 적으면 된다.

아래는 주간 숙제 계획표의 예시이다.

	월 (월 일)	화 (월 일)	수 (월 일)	목 (월 일)	금 (월 일)
국어			독후감 쓰기		
수학		교과서 44-55쪽 풀기			
사회	3단원 읽어 오기				
과학					
영어				시험 공부하기	
기타					미술 준비물 챙기기

아래의 숙제 계획표를 복사하여, 매주 사용해 보자.

	월 (월 일)	화 (월 일)	수 (월 일)	목 (월 일)	금 (월 일)
국어					
수학					
사회					
과학					
영어					
기타					

활동 3

무엇부터 해야 할까? 우선순위 정하기

어떤 일을 시작하려고 할 때, 무엇부터 먼저 시작해야 할지 모르겠는가?

세 개의 돌을 옮겨야 한다고 생각해 보자. 첫 번째 돌은 바위이다. 아주 무거워서 옮기는 데 많은 힘이 든다. 두 번째 돌은 벽돌이다. 바위보다는 가볍고 작아서 옮기는 데 그렇게 큰 힘이 필요하지는 않다. 마지막 돌은 조약돌이다. 매우 가볍고 옮기는 데 거의 어려움이 없다.

이제 이 돌들이 우리가 학교에서 해야 할 일이라고 생각해 보자. 그렇다면 시험은 첫 번째 돌인 바위로 생각할 수 있다. 바위는 세 가지 돌 중에서 가장 무겁지만, 우선 옮기고 나면 꽤 안도감이 들 것이다. 시험도 마찬가지이다. 학교에서 우리가 해야 할 일 중에 가장 중요한 것이라고 할 수 있다. 그렇지만 일단 끝내고 나면 우리는 꽤 안심할 것이다. 그 다음, 숙제는 두 번째 돌인 벽돌이라고 생각할 수 있다. 벽돌을 옮기는 것은 바위를 옮기기보다 더 쉽고, 시간도 덜 걸린다. 숙제도 마찬가지이다. 시험보다 더 쉽고, 시간도 덜 걸린다. 마지막으로 조약돌은 중요도가 떨어지는 것으로 생각할 수 있다. 매우 쉽거나 당장 해야 할 필요가 없는 것이 여기에 해당한다.

아래는 우리가 학교에서 해야 할 일들이다. 각각 바위, 벽돌, 조약돌 중 알맞은 것에 짝을 지어라.

- 과학 시험
- 미술 시간에 그리고 싶은 물건 가져 오기
- 수학 숙제
- 사회 숙제 (가족 신문 만들기)
- 역사 퀴즈
- 국어책에 있는 단편 소설 읽어 오기
- 독후감 쓰기
- 받아쓰기 시험

활동 4

이미지 트레이닝

어떤 계획을 멋지게 실현할 수 있는 가장 좋은 방법은 우선 그 계획을 실천하고 있는 자신을 상상해 보는 것이다. 이것을 '이미지 트레이닝'이라고 한다. 예를 들어 학예회 연극 무대에 서는 것이 떨린다면, 무대에 준비되어 있는 모습으로 서 있는 자신을 상상해 본다. 그리고 무대 위에서 어떤 옷을 입고 있을지, 어떤 대사를 말할지 생각해 본다. 관객들이 박수를 치는 모습을 보고 의기양양해진 자신의 모습을 상상해 보면, 긴장감이 사라지고 실제 연극에서 더 멋지게 해낼 수 있을 것이다.

이 방법은 시험 전에도 사용할 수 있다. 시험 날 교실에 앉아 있는 자신의 모습을 머릿속에 그려 보자. 교실은 어떻게 생겼는가? 옆에 앉아 있는 사람은 누구인가? 책상을 만져 보라. 어떤 느낌이 드는가? 자신이 충분히 시험 볼 준비를 했다고 생각하라. 연필을 쥐고 시험지에 답을 써 내려가는 자신의 모습을 상상해라. 충분히 공부한 나는 침착하게 답을 술술 써 내려 나가고 있다. 마지막으로, 시험을 통과한 자신의 모습을 상상해 본다.

내가 가진 목표 중에 자신이 없는 것이 있는가? 이 목표를 멋지게 이루어 내는 자신의 모습을 상상해 보자. 어떤 결과가 생겼는가? 나에게 생길 좋은 결과를 생각해서 그려 보자.

활동 5

3단계 계획법

많은 사람들은 계획을 세우는 것을 어려워한다. 이것은 아이뿐만 아니라 심지어 어른조차도 그렇다. 그중에서도 특히 ADHD 아동은 계획이나 목표를 세우는 데 어려움을 겪으며, 계획을 따르는 것은 더욱 힘들어한다. 이번 활동을 통하여 더 쉽게 계획을 세우고, 실천하는 방법을 알아볼 것이다. 다음 세 단계를 기억하자.

1. **목표를 세운다.** 예를 들어, "성적을 올린다."처럼 내가 원하는 목표를 한 가지 생각한다.

2. **목표를 세분화한다.** 성적을 올리기 위해서 할 수 있는 일은 정기적으로 공부하기, 잠 더 많이 자기, 숙제 미리미리 하기, 모르는 것이 있으면 바로 질문하기 등이 있다.

3. **세분화한 목표를 이루기 위한 구체적 계획을 세운다.** '매일 4시부터 6시까지 공부하기' '30분 더 일찍 자기, 달력에 숙제 제출일 적어 놓기' '모르는 것을 질문할 사람 생각해 놓기'와 같이 이전 단계에서 생각한 목표를 더욱 구체적인 계획으로 만든다.

마지막 단계에서 세워진 구체적 계획은 일상생활에 작은 변화를 가져다줄 것이다. 그러나 이 작은 변화를 매일 쌓음으로써 우리는 목표를 이룰 수 있다. 아래에 자신만의 목표를 써 보자.

1. 나의 목표: _____

2. 세분화한 목표: ① _____

   ② _____

3. 구체적인 계획: ① _____

   ② _____

활동 6

장애물 미로

때때로 우리는 어떤 길을 가야 하는지 명확히 알고, 또 아무런 방해 없이 그 길을 걸을 수 있다. 그러나 어떨 때는, 길 위에 장애물이 있어 우리를 방해하기도 한다. 어떤 장애물이든 간에 우리가 극복하지 못할 것은 없다. 창의력을 발휘하여 장애물을 극복해 보자.

아래의 미로에는 여러 가지 장애물이 있다. 각각의 장애물을 극복하는 방법을 적어 보자.

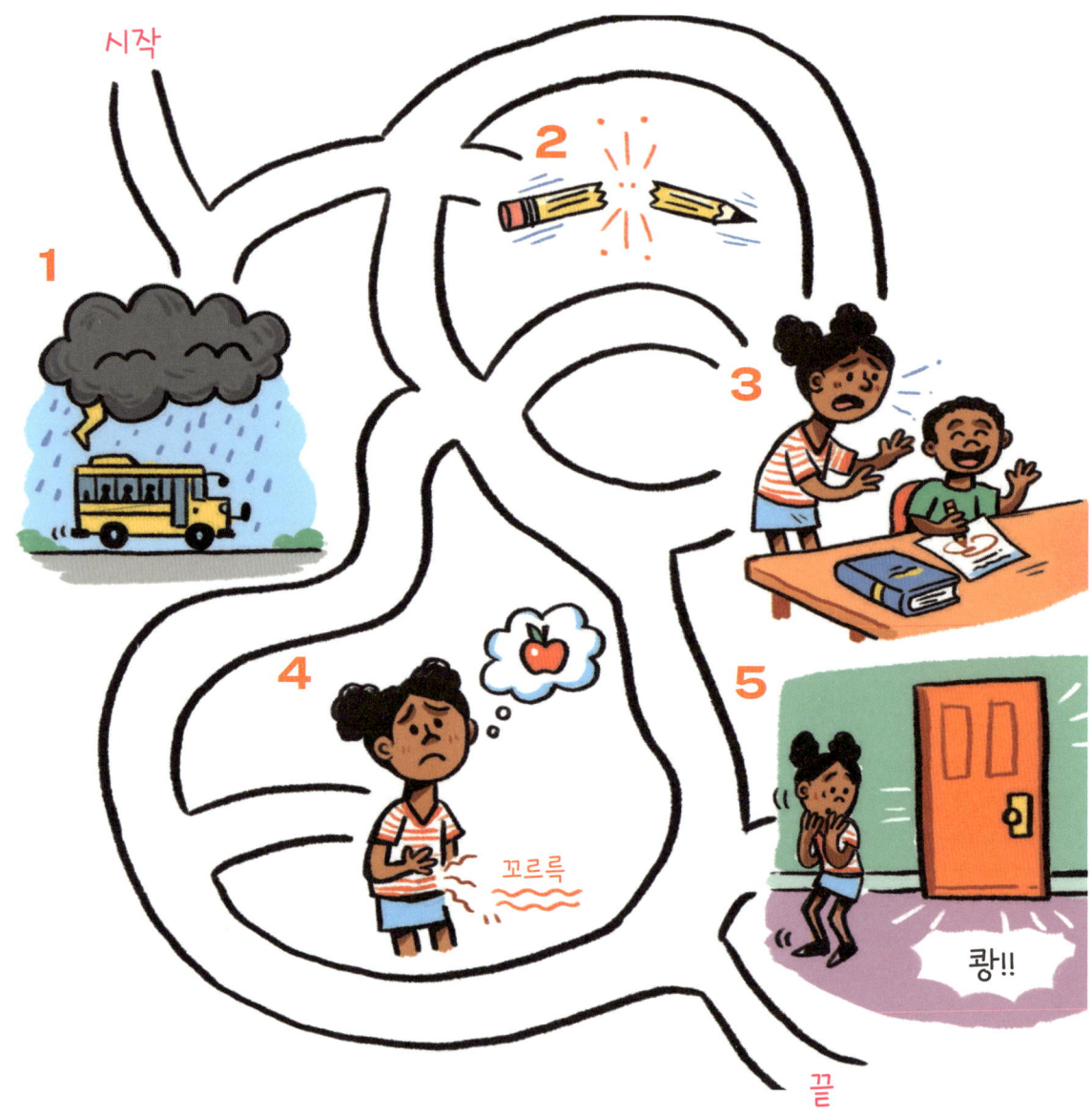

극복 방법 1:

극복 방법 2:

극복 방법 3:

극복 방법 4:

극복 방법 5:

활동 7

크로스워드 퍼즐

아래의 크로스워드 퍼즐을 풀어 보자.

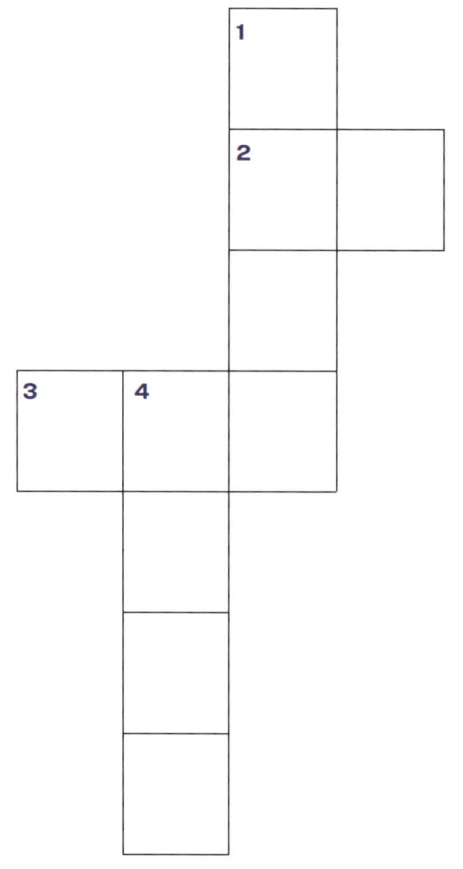

세로

    1. 다른 사람의 입장에서 생각하여, 그 사람의 기분과 상황을 아는 능력

    4. 서로의 생각과 감정을 말과 행동 등을 통해 주고받는 것

가로

    2. 기쁨, 슬픔, 분노와 같이 어떤 일에 대하여 일어나는 마음이나 느끼는 기분

    3. 한 가지 일에 마음을 집중하는 능력. ADHD의 A는 이것을 의미한다.

정답:
1. 공감능력
2. 감정
3. 주의력
4. 의사소통

천 리 길도 한 걸음부터

옛말에 '천 리 길도 한 걸음부터.'라는 말이 있다. 1리는 약 400m 정도로, 1,000리는 약 400㎞이다. 서울에서 부산까지의 거리가 그쯤 된다. 자동차도 기차도 심지어 자전거도 없던 시대에 400㎞라는 먼 길을 가려면 상당히 힘들었을 것이다. 한 번에 400㎞를 쉬지도 않고 걸을 수는 없다. 그러나 매일 10㎞, 2㎞ 나누어서 걷는다면, 반드시 목적지에 도달할 수 있을 것이다. 우리의 목표도 마찬가지다. 지금 당장 우리의 목표는 '천 리 길'처럼 아득히 먼 곳에 있는 것처럼 느껴질지도 모른다. 그러나 한 걸음, 한 걸음 작게 나눈 목표를 실천하다 보면 우리는 반드시 목적지에 다다를 수 있다.

축하합니다!

이번 장의 활동은 결코 쉽지 않았다. 이제 우리는 숙제나 계획을 예전보다 더 쉽게 다룰 수 있을 것이다. 이번 장에서 우리는 다음을 배웠다.

- 나는 '청각' '시각' '감각' 중 어떤 유형의 학생인가? 어떻게 해야 더 쉽게 공부할 수 있는가?
- 주간 숙제 표를 만들고, 매주 체계적으로 숙제를 할 수 있다.
- 내가 할 일을 바위, 벽돌, 조약돌로 구분 지어서 생각하며 우선순위를 정할 수 있다. 바위는 가장 중요한 일을 의미하고, 일단 끝내면 안도감을 느낄 수 있다. 벽돌은 그다음으로 중요한 것이고, 조약돌은 가장 덜 중요한 것이다.
- 나의 목표를 시각화하고, 이를 이루기 위해 일상생활에서 할 수 있는 일을 안다.
- 3단계 계획법을 이용하여 목표를 세분화하고 계획을 구체화할 수 있다.
- 목표로 향하는 길에 장애물이 있을 때, 창의력과 노력을 이용하여 극복할 수 있다.

9장

준비 끝!

이 책에 있는 활동은 결코 쉽지 않다. 그러나 우리는 많은 활동을 끝내고, 드디어 마지막 장에 도착했다! 지금까지 우리는 자신의 '감정 방아쇠'가 무엇인지 알아보고, 그것을 예방할 방법을 알아보았다. 또한 집중하는 방법과 자기를 조절하는 방법, 충동을 조절하는 방법, 좋은 결정을 내리는 방법도 배웠다. 그리고 습관을 바꾸는 것이 얼마나 도움이 되는지 배웠으며, 계획을 세우는 방법도 배웠다. 심지어 의사소통하는 방법과 자신이 원하는 것을 요구하는 방법, 그리고 좋은 친구가 되는 방법에 대해서도 배웠다.

마지막 장에서는 지금까지 우리가 배운 모든 것을 복습하고, 머릿속에 완전히 새겨지도록 할 것이다. 이제 우리는 거의 준비가 끝났다!

활동 1

나의 멋진 미래

'성공'이란 무엇일까? 학교생활을 잘하는 것? 커서 의사가 되는 것? 아니면 운동선수가 되는 것? 친구를 많이 만드는 것? 친구들에게 친절해지는 것? 또는 예의 바른 사람이 되는 것인가?

 책 초반에 우리는 자신의 자화상을 그려 보았다. 그리고 그 이후 우리는 많은 것들을 배웠다. 지금까지 배운 것을 잘 실천한 '나'는 미래에 어떤 모습이 되어 있는가?

활동 2

미래의 나에게 보내는 편지

미래의 자기 자신에게 편지를 써 보자. 나의 목표와 꿈, 두려움, 우정, 희망 등 어떤 얘기든 다 적어 보자. 그 다음 봉투에 넣은 뒤, 주소와 이름을 적는다. 이 봉투를 부모님이나 신뢰할 수 있는 어른에게 맡긴 후, 일 년 뒤에 보내 달라고 부탁하자. 일 년 후, 다시 이 편지를 읽으면, 많은 것이 변화했다는 사실에 놀랄 것이다.

에게

년 월 일
으로부터

활동 3

성공으로 향하는 사다리

나의 미래의 꿈을 생각해 보자. 수의사? 화가? 선생님?

아래의 사다리의 가장 위쪽에 자신의 꿈을 적어라. 그 다음, 그 꿈을 이루기 위해 해야 할 일을 세 가지 단계로 나누어 사다리 아래쪽에 각각 써 보자. 고등학교 졸업하기 또는 과학 공부 열심히 하기처럼 자신의 꿈에 도움이 된다고 생각하는 것을 적으면 된다. 하나하나의 단계는 작아 보이지만, 이것들은 모두 우리의 미래의 꿈과 직결되어 있다!

활동 4

성공 레시피

성공을 위한 레시피를 만들어 보자. 성공하기 위해서 필요한 것은 무엇일까? 아래는 성공 레시피의 한 예시이다. 사람마다 어떤 성분은 더 필요할 것이고, 또 어떤 성분은 덜 필요할 것이다. 나에게 필요한 성분은 무엇인가? 자신만의 레시피를 만들어 보자.

성공 레시피(예시)

노력 3컵   팀워크 500g

창의력 1컵   친절 2큰술

아이디어 1큰술   예술적 재능 1컵

상상력 ¾컵

리더십 500g

나의 성공 레시피

¾컵 _____

3큰술 _____

1컵 _____

_____

_____

_____

_____

활동 5

장애물 뛰어넘기

우리가 누구든 간에, 성공으로 향하는 길에는 여러 가지 장애물이 있을 것이다. 그것은 당연한 것이다. 인생은 평평하고 쭉 뻗어 있는 단순한 길이 아니다. 어떤 사람이든 살면서 여러 가지 장애물을 만난다. 그러나 장애물을 극복할 방법을 알면, 성공하기 더욱 쉬워질 것이다.

아래의 굵은 글씨는 우리가 인생에서 만날 수 있는 몇 가지 장애물들이다. 이를 극복하기 위한 좋은 방법을 각각 짝지어라.

집중하기 힘듦	때로는 실패는 성공으로 향하는 첫 번째 단계라는 사실을 인식한다.
다른 사람으로부터 부정적인 말을 들음	친구를 만난다.
실패함	잠시 쉬는 시간을 가진다.
외로움을 느낌	심호흡을 하고, 성공하는 모습을 상상한다.
시험 때문에 불안함	긍정적인 사람들과 함께한다.

책갈피 만들기

이 책의 활동 중 특히 마음에 드는 활동이 있었는가? 또는 자신의 상황에 특히 도움이 되는 활동이 있었는가? 그렇다면, 책에 표시를 하거나 책갈피를 꽂아, 자신이 필요할 때 언제든 다시 읽어 보도록 하자.

활동 6

게임은 계속된다

아래에 소개된 게임을 통하여, 이 책에서 배운 내용을 복습할 수 있다.

- 스크래블: 계획 세우기, 조직력
- 의자 뺏기: 집중하여 듣기, 주의력
- 애플 투 애플: 다른 사람에 대해 생각하기
- 픽셔너리: 시간 분배, 창의력
- 얼음땡: 집중력, 순발력 향상
- 우노(UNO): 계획 세우기, 조직력
- 젠가: 계획 세우기, 자기 조절
- 체스: 기억력, 계획 세우기
- 트리비얼 퍼슈트: 인내심
- 스도쿠: 기억력, 계획 세우기
- 시몬 가라사대: 집중하여 듣기, 계획 세우기

위 게임들을 통하여 팀워크와 공감능력을 학습할 수도 있으며, 게임에 진 경우에는 좌절감과 분노를 조절하는 방법을 배울 수도 있다. 다양한 게임을 접해 본 사람들은 이러한 능력들이 잘 개발되어 있다.

또 어떤 게임이 있을까?

해냈어!
이제 배운 것들을 가지고 날아오르자!

지금까지 많은 활동을 완수하기 위해 노력한 당신에게 개인적으로 감사함을 전하고 싶다. 더 나은 자신이 되기 위해, 집과 학교에서 더 잘하기 위해, 그리고 다른 사람들에게 적절하게 대응하기 위해 당신이 매우 열심히 노력한 것을 잘 알고 있다. 이번 장에서, 우리는 우리가 미래에도 계속 잘할 수 있는 방법에 대해 배웠다. 나의 멋진 미래, 미래의 나에게 보내는 편지, 성공으로 향하는 사다리와 같은 활동을 통하여 우리의 미래의 성공을 예측해 보았다. 또한, 장애물 뛰어넘기 활동을 통하여 우리가 앞으로 만날 수 있는 장애물을 극복하는 방법도 알아보았다. 이 책에서 배운 것들을 복습하기 위해, 이 책의 활동들을 다시 해 보거나(특히 도움이 되거나 마음에 드는 활동은 표시해 놓자), 〈게임은 계속된다〉를 참고해 보자.

ADHD 아동은 굉장하다. 자신이 얼마나 특별한지 그리고 무엇을 할 수 있는 사람인지 잊지 말기를 바란다. 우리는 각자 독특한 재능을 가지고 있고, 그것은 정말 놀라운 일이다. 언제나 도움이 필요할 때는 이 책을 찾을 수 있다는 것을 기억하라. 당신은 멋지다. 그리고 당신은 대단한 일을 할 것이다.

부모와 보호자를 위한 자료

이 책을 선택해 주어 매우 기쁘다. 더 많은 부모들이 ADHD에 대해 이해할수록, 더 많은 아이들이 자신감을 가지고 살아가는 법을 배울 수 있기 때문이다. ADHD에 대하여 이해하지 못하는 사람들은 항상 있을 것이다(이들은 친척일 수도, 친구일 수도, 또는 교사일 수도 있다). 우리는 ADHD에 대해 공부함으로써(그리고 질문에 박식하게 답변할 준비를 함으로써), 다른 사람들이 ADHD를 이해하도록 도울 수 있다. 우리는 ADHD 대사(大使)로서, 우리 훌륭한 아이들을 성공으로 이끄는 방법을 다른 사람들에게 이해시킬 수 있다. 또한, 우리의 지식으로 다른 사람들이 이 아이들을 이해하도록 만들 수 있다. 우리는 아이들의 요구를 이해할 수 있으며, 심지어 매해 학교에 'ADHD를 이해하는 인내심 깊은 교사'를 요청할 수도 있다. 또한 가정에서 아이들에게 지속적으로 도움을 줄 수도 있다.

이제 우리에 대해 얘기해 보자. ADHD 아동의 부모(또는 보호자)로 살아가는 것은 매우 힘든 일이다. 이는 정말로 지치는 일이며, 많은 인내심과 헌신을 필요로 한다. 아이들은 각자 다른 문제를 가지고 있고, 필요한 것도 모두 다르다. 그리고 아이들의 요구는 시시때때로 변한다. 이러한 아이들의 특성을 충분히 이해하지 못하는 사람의 도움을 받으면, 부모는 아이를 제대로 돕기 어렵다. 스트레스는 큰 문제이다. 그러므로 자기 자신을 돌보는 것을 잊지 말기 바란다. 나는 특수 아동에 대해 이해하는 상담사를 만날 것과 ADHD 아동을 가진 부모들의 모임에 참석해 볼 것을 매우 권장한다. ADHD 아동을 둔 부모로 이루어진 페이스북 그룹처럼 온라인에는 ADHD 아동의 보호자를 위한 그룹이 잘 형성되어 있다. 우리 아이를 도우려면, 자기 자신을 돌보는 것은 필수적이다. 항상 기억하라. 당신은 혼자가 아니다.

치료사로서 그리고 두 ADHD 아동의 어머니로서, 다음의 책들과 웹사이트들이 많은 도움이 되었다.

참고 서적

Brown, Thomas E.. *Outside the Box: Rethinking ADD/ADHD in Children and Adults.* Arlington, VA: American Psychiatric Association Publishing, 2017.

DeGangi, Georgia A., and Anne Kendall. *Effective Parenting for the Hard-to-Manage Child: A Skills-Based Book.* New York, NY: Routledge, 2008.

Faber, Adele, and Elaine Mazlish. *How to Talk So Kids Will Listen & Listen So Kids Will Talk.* New York, NY: Scribner, 2012.

Garcia Winner, Michelle, and Linda K. Murphy. *Social Thinking and Me: Kids' Guidebook to Social Emotional Learning.* Santa Clara, CA: Think Social Publishing, 2016.

Kabat-Zinn, Myla, and Jon Kabat-Zinn. *Everyday Blessings: The Inner Work of Mindful Parenting.* New York, NY: Hyperion, 1997.

Kranowitz, Carol Stock. *The Out-of-Sync Child Has Fun: Activities for Kids with Sensory Processing Disorder.* New York, NY: Penguin Group, 2003.

Reebye, Pratibha, and Aileen Stalker. *Understanding Regulation Disorders of Sensory Processing In Children: Management Strategies for Parents and Professionals.* London, UK: Jessica Kingsley Publishers, 2007.

Saltz, Gail. *The Power of Different: The Link Between Disorder and Genius.* New York, NY: Flatiron Books, 2017.

Siegel, Daniel J., and Tina Payne Bryson. *The Whole-Brain Child: 12 Revolutionary Strategies to Nurture Your Child's Developing Mind.* New York, NY: Bantam Books, 2011.

Voss, Angie. *Understanding Your Child's Sensory Signals.* Lexington, KY: CreateSpace Independent Publishing Platform, 2011.

웹사이트

AdditudeMag.com

ADHD와 학습 장애 등으로 고민하는 부모, 성인, 전문가들을 위한 웹사이트.

Understood.org

학습 및 주의력 문제를 가진 아동의 부모를 위한 개인화된 자료, 전문가에 대한 무료 액세스, 안전한 온라인 커뮤니티, 실용적인 팁을 제공하는 비영리 단체.

ImpactADHD.com

부모에게 ADHD를 다루는 데 필요한 전략, 기술 및 전문가 지도를 제공하는 커뮤니티 웹사이트.

CHADD.org

ADHD 환자를 위한 교육 및 지원을 제공하는 국가 비영리단체.

팟캐스트

***ADHD Experts* by ADDitude**

ADHD 아동의 부모 및 ADHD 성인의 질문에 대한 ADHD 전문가의 현실적인 답변을 들을 수 있다.

***Parenting ADHD Podcast, with the ADHD Momma* by Penny Williams**

ADHD 아동을 성공적으로 양육하기 위한 팁과 지식을 들을 수 있다.

***Taking Control: The ADHD Podcast* by RashPixel.FM**

니키 킨저와 피트 라이트가 운영하는 팟캐스트로, ADHD와 함께 살아가는 방법을 알고 싶은 사람들에게 생활 관리 전략, 시간 및 기술 팁을 제공한다.

***Practical ADHD Strategies* by Laura Rolands**

로라 롤랜드가 운영하는 팟캐스트로, ADHD와 관련된 특별한 문제를 다루는 방법에 대한 실용적인 전략을 제공한다.

유투브 채널

How to ADHD
ADHD를 가진 호스트 제시카가 운영하는 유투브 채널로, ADHD는 무엇인지, 그리고 ADHD와 살아가는 방법에 대하여 들을 수 있다.

***ADHD: Essential Ideas for Parents* by Dr. Russell Barkley**
ADHD 아동을 가진 부모를 위하여 러셀 바클리 박사가 여러 가지 아이디어를 제안한다.

아이들을 위한 자료

7세부터 8세

Cook, Julia, and Carrie Hartman. *It's Hard to Be a Verb!.* Chattanooga, TN: National Center for Youth Issues, 2008.

Esham, Barbara. *Free Association, Where My Mind Goes During Science Class.* Timonium, MD: Mainstream Connections Publishing, 2013.

Hall, Michael. *Red: A Crayon's Story.* New York, NY: Greenwillow Books, 2015.

7세 이상

Kraus, Jeanne. *Cory Stories: A Kid's Book about Living with ADHD.* Washington, DC: Magination Press, 2004.

Smith, Bryan. *What Were You Thinking? Learning to Control Your Impulses.* Boys Town, NE: Boys Town Press, 2016.

INDEX(찾아보기)

ㄱ

감각 유형   121
감정   48
　감정과 날씨   51
　감정과 몸   54
　감정 방아쇠   49, 50, 52, 62, 134
　감정 빙고   80
　분노   52
　샌드위치 화법   116
　의사소통   93, 106, 131, 134
　역지사지   60
　침착해지는 방법   53, 90
과잉행동-충동형 ADHD   20
결정   76
　결정 주사위   78, 79
　융통성   58, 62
　좋은 결정 내리기   76, 77
　정지 버튼 누르기   84
게임   79, 80, 140
계획   122, 123, 127
계획 세우기   120, 140
　주간 숙제 계획표   122
　우선순위 정하기   124
　3단계 계획법   127, 132
공감   107, 108, 118, 131

긍정적인 생각   82
과집중   71

긴장 풀기   102
　긴장을 풀어주는 호흡법   104
　심호흡   47, 53, 54, 62, 68, 70, 83, 84, 86, 102, 139

ㄴ

뇌   19, 24, 28, 77, 84

ㄷ

다시 선택하기   84
닻 내리기   68
대단함 상자   40

ㄹ

ㅁ

메모   98
미래   78, 84, 90, 135, 136, 137, 141
　나의 멋진 미래   135, 141
　미래의 나에게 보내는 편지   136, 141
목표   120, 126, 127, 131, 132, 136

(ㅂ)

부정적인 생각   82, 90

부탁하기   115

분노   52, 53, 62, 80, 81, 130, 140

불손한 말투   112, 113

비상 매뉴얼   70, 98

베라 왕   42

(ㅅ)

선택   84
　　다시 선택하기   84

설탕과 ADHD   24

성공   137, 138
　　성공 레시피   138
　　성공으로 향하는 사다리   137

샌드위치 화법   116

실패   41, 42, 44, 139

숙제   72, 122
　　숙제 보상 항아리
　　우선순위 정하기   124
　　3단계 계획법   127, 132
　　주간 숙제 계획표   122

시각 유형 학생   121

시각화   132

심호흡   47, 53, 54, 62, 68, 70, 83, 84, 86, 102, 139

스티븐 스필버그   42

(ㅇ)

아침 지도   96, 97

알버트 아인슈타인   42

약물치료   22

연상   100

융통성   58, 62

의사소통   93, 106, 131, 134
　　감정   48
　　샌드위치 화법   116
　　정중한 말투와 불손한 말투   112

우선순위 정하기   124

우정   109, 136

월트 디즈니   42

일기 쓰기   61

오프라 윈프리   42

(ㅈ)

자기 조절   47, 76, 77, 90, 140

자신감   33, 34, 43, 60, 81

자화상   36, 135

장애물   128, 132, 139, 141

장점   26, 35, 36, 40, 43, 93
　　내가 잘하는 것 찾기   31
　　다른 사람이 본 나의 장점   35

전전두피질   19

주의력 결핍형 ADHD   20
준비   95
    메모하기   98
    아침 지도   96, 97
    저녁에 미리 준비하기   95
집중   64, 68, 71
    과집중   71
    머릿속에 닻 내리기   68
    지루함   65, 66, 81
    집중하기   64, 68
    비상 매뉴얼   16
    휴식   69
제어 센터   88

㈜

충동 조절   76, 77, 90
    충동 신호등   85
친절   112, 114, 117
침착해지는 방법   53, 90

㈜

콜라주   39

㈜

토마스 에디슨   42

㈜

㈜

호흡   56, 103, 104
혼합형 ADHD   21
휴식   69

(a)

ADHD   70, 98
    남녀 비율   22
    진실과 오해   24
    약물치료   22
    유형   121
    정의   18, 19
    증상   23, 28

감사의 글

임상전문가로서, 저는 ADHD에 대해 그다지 생각해 본 적이 없었습니다. ADHD인 첫째 아들을 낳기 전까지는 말입니다. 그 다음에 낳은 둘째 아들 또한 ADHD였습니다. 이때부터 저는 ADHD에 몰두하기 시작했습니다. 영적으로, 저는 두 ADHD 아동을 양육하도록 되어 있었다고 생각합니다. 두 아들은 제 최고의 선생님입니다.

제 훌륭한 남편 데이비드의 도움이 없었다면, 이 책을 쓸 수도 아이들을 양육할 수도 없었을 겁니다. 당신은 저의 소울 메이트이자 제 파트너, 그리고 지금까지 제 만난 사람 중 가장 매력적인 사람이에요. 사랑하고 고마워요.

제가 사랑하는 부모님, 제가 다소 특이한 행동을 할 때조차도 항상 저를 저답게 있도록 해 주셔서 감사해요. 엄마, 항상 응원해 주고, 제 용기를 믿어줘서 고마워요. 엄마가 해 준 말 덕분에, 힘든 상황을 모두 이겨낼 수 있었어요. 아빠, 글을 쓰고 편집하는 방법을 알려 주고, 저의 재능을 항상 믿어줘서 고마워요. 사랑합니다.

세계 최고의 보모인 수지 래니쉬가 없었더라면 이 책은 쓸 수 없었을 겁니다. 우리 아이들에게 너무나 많은 소중한 것들을 창의적인 방법으로 알려 주고, 아이들을 이해해 주고, 제가 상상한 것 이상으로 인내심을 가지는 아이들로 만들어 주어서 고마워요.

출판 대리인 린다 코너 씨에게도 감사드립니다. 9년 전에 저를 찾아와 저를 계속 믿어 주었지요. 저는 정말 축복받은 사람입니다.

엘리자베스 카스토리아, 이 여행을 시작하게 해 주고 제게 기회를 주어서 고마워요. 편집자 멜리사 발렌타인, 도와주셔서 매우, 매우, 매우 감사합니다. 패티 콘콜라지오, 글로는 저의 감사함을 표현할 수 없어요. 당신은 제 꿈을 개발하고 편집해 주었어요. 당신의 제안 하나하나가 모두 마음에 들었고, 그 덕에 이 책을 더 멋지게 만들 수 있었지요. 저를 위해 해 주신 너무나 많은 것들을 평생 잊지 않을 것입니다. 마지막으로, 이 책의 작업을 함께해 주신 칼리스토 미디어의 모든 분들께 감사드립니다. 여러분들의 헌신으로 이 책은 최고의 책이 되었습니다. 도움에 너무나도 감사드립니다.

나의 최고의 멘토이자 소중한 친구, 그리고 멋진 라디오 공동사회자, 데브라 멘델 박사님. 당신은 제게 정말 소중한 존재입니다. 당신의 통찰력은 정말 대단해요. 저를 위해 해 준 모든 일에 대해 감사합니다.

데브라 브로스 박사님. 제가 더 좋은 임상전문가가 될 수 있도록 도와주셔서 고맙습니다. 당신은 제가 아는 최고의 임상의학자이며, 멋진 친구입니다.

토마스 브라운 박사님. 당신은 이 분야에서 선구자이자 큰 영감이었습니다. 도움에 감사드립니다.

CHLA의 래리 인 박사님. 제 아이들을 위한 지원과 아이디어에 감사드립니다. 당신은 제가 만난 최고의 의사이자 최고로 친절한 사람입니다.

나오미 루빈슈타인. 제가 아는 한 특수 교육에 관해 가장 해박한 분입니다. 그리고 이 책을 가장 처음 도와주신 분이기도 하지요. 제가 올바르게 출발할 수 있도록 도와주셔서 감사합니다.

무스. 내 첫 번째 '아가'. 개에게 감사한다는 것은 이상하게 들릴까? 넌 내가 만난 가장 다정한 사람, 아니 개야. 나의 진정한 친구, 고마워.

ADHD 아동을 둔 모든 부모님들께, 저를 믿어주셔서 영광스럽게 생각합니다. 아이들을 돕기 위하여 저를 신뢰해 주셔서 감사합니다. 여러분은 혼자가 아닙니다. 여러분은 지금까지 힘든 상황을 100% 이겨내 왔고, 앞으로도 그럴 것입니다. 우리는 함께입니다.